Alois Glück · Joachim Frank

Anpacken statt Aussteigen

Alois Glück · Joachim Frank

Anpacken statt Aussteigen

Der Auftrag der Christen
in unserer Welt

HERDER

FREIBURG · BASEL · WIEN

© Verlag Herder GmbH, Freiburg im Breisgau 2015
Alle Rechte vorbehalten
www.herder.de

Satz: Barbara Herrmann, Freiburg
Herstellung: CPI books GmbH, Leck

Printed in Germany

ISBN 978-3-451-33388-0

Inhalt

Nachhaltigkeit – Auftrag im Jetzt und Verantwortung für
kommende Generationen

Vorwort

Dieses Buch möchte zum Engagement ermutigen. Es gründet sich auf Erfahrungen, die ich als katholischer Christ und als Staatsbürger in kirchlichen wie auch gesellschaftlichen Bezügen gemacht habe. Und so wende ich mich an alle, die unsere Kirche und unseren Staat nicht sich selbst oder »den anderen« überlassen möchten, sich aber vielleicht fragen, ob sich der eigene Einsatz lohnt.

Ich erlebe in der deutschen Öffentlichkeit derzeit eine seltsame Mischung aus Resignation und Aggression. Die »Pegida«-Demonstrationen um den Jahreswechsel 2014/2015 waren nur dem Namen und dem äußeren Anschein nach eine »Bewegung«: Es sind Menschen auf die Straße gegangen, weil sie »dagegen« sind – gegen die zugegebenermaßen anstrengenden Regularien der Demokratie, gegen eine Offenheit für Fremdes und Neues, gegen Meinungsstreit in den Medien. Aber die Denunziation der »Altparteien«, der »abgehobenen Politik« und der »Lügenpresse« hilft nicht weiter. Wir werden die großen Herausforderungen, vor denen unser Land steht, nur meistern können, wenn es Menschen in ausreichender Zahl gibt, die der Meinung sind, dass es sich lohnt, »dafür« zu sein.

In unserer katholischen Kirche ist seit dem Amtsantritt von Papst Franziskus eine verhaltene Aufbruchsstimmung aufgekommen – verhalten deshalb, weil noch unklar ist, ob der Papst genügend Unterstützung für seinen Kurs bekommt. Ansonsten reflektieren und fokussieren kirchliche Stimmungslagen die Befindlichkeit der Gesellschaft. Die Kirche ist eben ein Teil derselben, erfährt aber zudem ihre eigenen, spezifischen Wandlungsprozesse. Es gibt vielfache Erfahrungen des Mangels und des Abbruchs: in Bezug auf die Priesterzahlen, auf das Reservoir der engagierten Laien, die Vitalität der katholischen Verbände, den Einfluss der Kirche auf politische Entscheidungen. All das könnte Anlass sein, die Hände und den Mut sinken zu lassen. Meine Sache war das nie. Ich bin überzeugt, dass Engagement sich immer noch lohnt und etwas bewirken kann.

Als ich 2013 das Buch des Journalisten Joachim Frank »Wie kurieren wir die Kirche? Katholisch sein im 21. Jahrhundert« in die Hand nahm, begegneten mir darin viele Gleichgesinnte: Menschen, die glauben, bei aller Kritik und trotz aller Widerstände etwas bewegen zu können. Das hat mir imponiert, mich bestätigt und mich ermutigt, auch selbst »anzupacken statt anzuklagen«. Auf diesem Weg möchte dieses Buch, das im Dialog mit Joachim Frank entstanden ist, viele Menschen motivieren.

Zum »Anpacken« gehört das Wissen um die passenden Handgriffe. Darum hoffe ich, mit diesem Buch Sachbeiträge zu Fragen und Problemstellungen zu leisten, an denen sich meiner Meinung nach die Zukunft unserer Gesellschaft entscheidet.

In meine Überlegungen geht ein, wie ich das persönliche Engagement auf meinem Lebensweg in der Gesellschaft und in der Politik erlebt habe. Meine wesentliche Prägung dafür erfuhr ich in der Katholischen Jugend. Heute verbinden meine Aufgaben als Präsident des Zentralkomitees der deutschen Katholiken (ZdK) in besonderer Weise das kirchliche mit dem politisch-gesellschaftlichen Spektrum.

Grundvoraussetzung für jedes Engagement, speziell aber für Führungsaufgaben, ist die Verbindung von Wertorientierung, Sachkompetenz und langem Atem. Diese Trias sollte das besondere Markenzeichen christlichen Engagements sein. Die gute Gesinnung allein bewirkt nichts, wirkt oft selbstgerecht und ausgrenzend. Bloße Kompetenz bleibt richtungslos. Aber auch die Verbindung von Wertorientierung und Sachverstand wird erst dann zur verändernden Kraft, wenn sie von Dauer ist.

Eine weitere Erfahrung ist mir gerade in dieser Zeit wichtig, in der die Christen auf dem Weg von der starken, dominanten Volkskirche zu einer Minderheit in der offenen, säkularen, von der Globalisierung geprägten Gesellschaft sind: Wir haben als Christen überhaupt keinen Grund, diese Veränderung ausschließlich als Bedrohung wahrzunehmen und darauf ängstlich, abwehrend oder verbiestert zu reagieren. Als »qualifizierte Minderheit« wachsen uns im Gegenteil neue Chancen zu. Alle Veränderungen, alles Neue, alles Zukunftsträchtige liegt zuerst und vor allem in der Hand von Visionären, Pionieren, engagierten Minderheiten. Das gilt von den kleinsten Gemeinschaften bis hin zu den Großorganisationen in Gesellschaft, Wirtschaft und Politik.

Die Stimme der Christen findet heute nicht mehr allein deshalb Gehör, weil die Großinstitution Kirche als Lautsprecher fungiert. Aber Christen bleiben gefragt – und haben etwas zu sagen. Davon bin ich überzeugt. Unsere Wirksamkeit als Christen in Gesellschaft und Staat wird deshalb entscheidend davon abhängen, dass wir zwei Voraussetzungen erfüllen:

– Unsere Debattenbeiträge, unser Engagement müssen durch Qualität überzeugen – in der Sache und in der Argumentation.

– Wir brauchen einen Schulterschluss von Christinnen und Christen, die an den Werten des Evangeliums orientiert, in der Sache kompetent und im Einsatz für die Menschen beharrlich sind.

Appelle vom moralischen Hochsitz herunter an »die da draußen in der Welt« werden demgegenüber wirkungslos verhal-
len. Nicht das Anklagen ist unsere Sache als Christen, sondern
das Anpacken.

Von dieser gemeinsamen Überzeugung waren die langen Gespräche und mein intensiver Austausch mit Joachim Frank getragen. Als Theologe und als praktizierender Katholik kennt
und versteht er die Welt des Glaubens, den Raum der Kirche.
Als Chefkorrespondent der DuMont-Mediengruppe mit »Kölner Stadt-Anzeiger«, »Berliner Zeitung« und »Mitteldeutscher
Zeitung« sowie als Autor der »Frankfurter Rundschau« ist er
ständiger Beobachter, Analytiker und Kommentator des Zeit-
geschehens. So hat er meine Überlegungen immer wieder mit
der »Außenansicht« konfrontiert. Seine Anfragen, Einwände
und Hinweise haben mich herausgefordert, nicht in der Bin-
nenperspektive zu verharren. Dafür danke ich ihm sehr.

Alois Glück
Hörzing, Ende Februar 2015

Wohin führt der Weg der Kirche?

Der schmerzhafte Abschied von der Volkskirche

Die katholische Kirche in Deutschland ist unbestreitbar in einer schweren Krise. Der Abschied von der Volkskirche und ihren Milieus fällt schwer. Bei vielen Seelsorgern und Bischöfen ist Resignation spürbar. Wie wird sich aus Ihrer Sicht die Situation in zehn oder zwanzig Jahren darstellen?

Ganz offensichtlich wird die Gestalt der Kirche eine grundlegend andere sein. Die Zahl der Kirchgänger ist zwar kein hinreichendes Kriterium für Kirchenbindung. Trotzdem kann es nicht folgenlos bleiben, dass bereits heute kaum noch Kinder und Jugendliche, junge Erwachsene und Familien im Gottesdienst vertreten sind. Da die Kirche nicht Menschenwerk ist und Zukunftswege generell nicht immer linear verlaufen, wird man keine präzisen Voraussagen mit Erfüllungsgarantie treffen können. Aber die Wahrscheinlichkeit eines weiteren massiven demografischen Abbruchs ist sehr hoch. In der wechselvollen Geschichte unserer Kirche ist das nichts völlig Ungewöhnliches, aber wir müssen uns damit auseinandersetzen.

Welche Lehren hält die Kirchengeschichte aus Ihrer Sicht für die Gegenwart bereit?

Dafür möchte ich auf die Einschätzung von Kardinal Walter Kasper verweisen, der in der Katholischen Akademie in Bayern die augenblicklichen Veränderungen im November 2011 so beschrieben hat: »Was wir gegenwärtig erleben, ist das Zu-Ende-Gehen einer Epoche der Kirchengeschichte. Man kann diese Situation bis zu einem gewissen Grade vergleichen mit dem Ende der alten Reichskirche in den napoleonischen Kriegen und dem Wiener Kongress (1814/15). Damals kam es zur Säkularisierung des Kirchengutes und damit zum Ende der feudalen Reichskirche. Das wurde als Unrecht empfunden und war es auch; es war der Zusammenbruch des gesamten damaligen Kirchensystems, der Verlust politischer und wirtschaftlicher Macht, was in manchen Gebieten zu einer materiellen wie kulturellen Verarmung führte.

Es war ein schmerzlicher Umbruch, der aber zu einem neuen Anfang und zu einem neuen Aufbruch, zu einer neuen Gestalt der Kirche wurde, nämlich zu der Volkskirche, wie die Älteren von uns sie bis 1933 und dann in einer kurzen Phase nach dem Zweiten Weltkrieg kannten. Die Kirche hatte ihre politische und wirtschaftliche Macht verloren, sie hatte dafür aber moralische Autorität gewonnen. Das war dadurch möglich, dass sie sich auf ein konsistentes katholisches Milieu und auf bedeutende Laienverbände stützen konnte; aus der feudalen Reichskirche war eine milieugestützte Volkskirche geworden.«

Das ist in weiten Teilen eine Paraphrase eines Motivs, das Papst Benedikt XVI. bei seinem Deutschlandbesuch in der »Freiburger Rede« vorgetragen hat. Greifen wir Kaspers Beobachtung heraus, dass sich die Kirche im Umbruch einst auf ein »konsistentes katholisches Milieu und auf bedeutende Laienverbände stützen« konnte. Gerade dieses Milieu ist im Schwinden begriffen, und die Laienverbände werden mindestens in dem Maß schwächer, in dem die Kirche insgesamt an Kraft verliert. In dieser Situation ist die Kirche offensichtlich sehr stark mit sich selbst beschäftigt. Sie hält anscheinend immer weniger Ressourcen vor, sich in Gesellschaft und Staat zu engagieren. Nun gibt es aber auch sehr unterschiedliche Meinungen, ob dies überhaupt auf Dauer noch sinnvoll wäre. Wie sehen Sie das?

Als katholische Kirche in Deutschland stehen wir vor einem »Kreisverkehr« mit Abzweigungen in drei Richtungen:

1. Resignation
2. Zurück zur kleinen Herde
3. Einen neuen Aufbruch wagen

Laufen wir nun unentschlossen im Kreis? Entscheiden wir uns für eine Richtung? Und wenn ja, für welche? Nicht wenige sind bereits auf den Weg zur Resignation eingebogen, darunter viele, die sich über Jahre hinweg in der Kirche und für die Kirche engagiert haben und nun frustriert aufgeben. Sie glauben nicht mehr an die Reformfähigkeit der Kirche. Einige zögern dabei und schauen hoffnungsvoll nach Rom, im Schwanken zwischen Hoffen und Zweifel.

Dann gibt es jedoch auch eine starke Strömung, die für den Weg zur kleinen Herde plädiert. Sie versprechen sich davon eine größere Anziehungskraft, eine authentischere, christlichere Kirche. Der emeritierte Papst Benedikt XVI. wird damit immer wieder in Verbindung gebracht.

In der Tat plädiert eine durchaus starke Strömung für eine Konzentration der Kräfte auf die Menschen mit starker Kirchenbindung. Sie argumentiert: Unsere Ressourcen schrumpfen. Die Zahl der Gläubigen geht zurück, erst recht die Zahl der Priester, und mittelfristig müssen wir uns auch auf schwindende Finanzerträge einstellen. Konzentrieren wir uns deshalb auf unser »Kerngeschäft«, als da wäre: Gebet, Gottesdienst, die Pflege der geistlichen Gemeinschaft. Insgesamt lässt sich in dieser Gruppe eine starke Binnenorientierung feststellen. »Die Welt da draußen« ist für sie ohnehin Feindesland, jedenfalls eine Gefahr.

Liturgie, Gottesdienst, Gebet gehören aber doch unzweifelhaft zu den grundlegenden Selbstvollzügen der Kirche. Ist deren Betonung dann nicht mindestens so legitim wie Ihr Pochen auf dem sozial-karitativen wie dem politischen Engagement?

Natürlich gehören das Gebet, die Besinnung, die Pflege des Kontakts und der Beziehung zu Gott zum Glauben, ja, sind

Voraussetzung dafür. Für die anhaltende Gottesbeziehung gilt, was auch für jede menschliche Beziehung, was für die Partnerschaft gilt: Es braucht Aufmerksamkeit, es braucht die bewusste Pflege der Beziehung und auch die Ausdauer, um »Trockenzeiten« durchzustehen. Ohne diesen Willen zur Pflege der Gottesbeziehung, zum Hören und zum Beten, wird es auf Dauer keinen Glauben geben.

Ich plädiere ganz eindringlich für das Ja zur Vielfalt der Glaubenswege und der Frömmigkeitsformen. Was ich ablehne, ist die Ansicht, dass nur bestimmte Formen katholisch seien. Ich halte es für fatal, wenn bestimmte Prägungen der Frömmigkeit und des Gemeinschaftslebens die Deutungshoheit darüber beanspruchen, was richtig und was falsch, was katholisch und was nicht mehr katholisch ist.

Die Vielfalt der Glaubenswege und der Frömmigkeitsformen ist für das Christentum konstitutiv. Das zeigt schon die Bandbreite spiritueller Traditionen in der Geschichte des Mönchtums und der Ordensgemeinschaften. Kontemplativ ausgerichtete Orden, die sich in strenger Klausur vor allem dem Gebet widmen, sind nach meinem Verständnis genauso wichtig und wertvoll wie sozial ausgerichtete. Es ist grundfalsch, die verschiedenen Wege christlichen Lebens gegeneinander auszuspielen.

Das kann man aber gegenwärtig in vielen Diskussionen beobachten.

Bei manchen Bischöfen und Klerikern spielt wohl dabei auch mit, dass die sogenannten »Frommen« nicht gar so kirchenkritisch und damit unbequem sind. Sie orientieren sich in der Regel nach den Aussagen und Vorgaben der Hierarchie.

Wie haben sich die Kräfteverhältnisse nach Ihrer Wahrnehmung verschoben?

Nach meinen Erfahrungen in den letzten Jahrzehnten hatte der Weltauftrag der Christen in der kirchlichen Verkündigung früher einen viel höheren Stellenwert. Papst Franziskus setzt neuerdings wieder diesen Akzent. Für ihn folgt aus dem Glauben unmittelbar die Hinwendung zu den Menschen, sodass nicht mehr das »Rette deine Seele!« im Mittelpunkt steht, was letztlich auch die Gefahr eines egozentrischen Glaubensverständnisses birgt. Jede Frömmigkeit hat ihre schmerzhafte Gefährdung. Im »Christentum der Tat« liegt diese in einem blinden Aktionismus.

Warum ist Ihnen das gesellschaftliche und politische Engagement der Katholiken so wichtig? Weil es dafür in Deutschland eine lange und große Tradition gibt? Oder sehen Sie für uns als Christen eine Verpflichtung, unseren Beitrag für die Menschen unserer Zeit zu leisten?

Hier entscheidet es sich, ob und in welchem Umfang wir als Katholikinnen und Katholiken zur Gestaltung des Zusammenlebens im eigenen Land und international beitragen, das heißt, ob wir durch Handeln gestalten oder aus der scheinbar sicheren Bastion unserer eigenen Gesinnungsgemeinschaft moralische Appelle an »die da draußen« in der Welt senden, uns über das Unzulängliche empören, entsprechend urteilen, verurteilen und dann selbstgenügsam, ja überheblich in unserer Binnenwelt bleiben. Immer wieder ist es dann die Schrittfolge: protestieren, anklagen, sich seiner überlegenen Moral rühmen – und dann zurücklehnen.

Einen neuen Aufbruch wagen – aber wohin?

Der dritte Weg im »Kreisverkehr Zukunft« heißt: »einen neuen Aufbruch wagen«. Das war das Motto des Katholikentags in Mannheim 2012. Eine recht vage Formulierung, die vieles offen lässt – insbesondere die Frage: Aufbruch wohin?

Zuallererst ist es ein Aufbruch aus der Selbstgenügsamkeit, aus dem Selbstmitleid. Es bedeutet den Abschied vom tiefen

Kulturpessimismus, nach dem alles schlechter wird, es nur abwärts geht und die Gesellschaft sich in einer Abwärtsspirale befindet – was im Übrigen auch nicht stimmt. Wir können in den letzten Jahrzehnten nicht nur einen Zuwachs an Wohlstand verzeichnen, sondern trotz vieler Fehlentwicklungen insgesamt auch einen erheblichen Zuwachs an Gerechtigkeit und Humanität. Die Behindertenhilfe und die Hospizbewegung sind nur zwei Beispiele dafür. Der Schutz der Schöpfung ist ein anderes. Wenn auch nicht immer direkt christlich motiviert, haben hier dennoch die starken, über Jahrhunderte kulturprägenden Kräfte des Christentums eine Rolle gespielt.

Eine Rolle, die das Christentum heute so nicht mehr hat. Es ist nicht mehr die Orientierung einer Mehrheit.

Das stimmt. Das heißt aber nicht, dass wir diese Aufgabe nicht mehr sehen, den Auftrag nicht mehr verspüren oder von vornherein darauf verzichten, weil wir nicht mehr die Bedingungen der Mehrheit in der Gesellschaft und des Einflusses und der Macht der Kirche auf die Menschen und die gesellschaftlichen Entwicklungen haben.

Welche Konsequenz ergibt sich daraus für Sie?

Die erste ist, dass wir nicht der vom Milieu getragenen und das Milieu prägenden Volkskirche nachtrauern und diese historisch bedingte und begrenzte Sozialgestalt von Kirche auch noch verklären. Das war eine geschlossene Welt, bedeutet die kulturelle Einheit von kirchlichem Leben und Alltag. Die Glaubenshaltung dieser volkskirchlichen Zeit war vor allem der Gehorsam als Folge einer ausgeprägten religiösen Angstpädagogik. Die von der Kirche geprägten Normen bestimmten die gesellschaftlichen Regeln. Schwerpunkte bildeten dabei die Sexualität und die Wahrung äußerlicher Autoritäten und Hierarchien. Sie war aber auch gerade in dieser Hinsicht von einer Doppelmoral geprägt.

Der Einsatz für Gerechtigkeit hingegen war in dieser Zeit – ich habe aus meiner Jugend noch lebhafte Erinnerungen daran – keine besondere Stärke unserer Kirche. Sie arrangierte sich gerne mit den Herrschenden, beginnend in der Dorfgemeinschaft. Die Frauen hatten, gestützt auf die kirchliche Verkündigung, den Männern untertan zu sein. Hätte ich nur die traditionelle Glaubensverkündigung meiner Heimat erlebt, dann hätte ich heute wie die große Mehrheit meiner damaligen Klassenkameraden kaum mehr eine aktive Beziehung zu Glauben und Kirche. Die Wirklichkeit der großen volkskirchlichen Zeiten müssen wir also differenzierter und ehrlicher sehen. In dem Maß, wie sich die allgemeinen Milieubindungen und Orientierungen an Autoritäten auflösten, lösten sich auch das kirchliche Milieu und die Kirchenbindung auf. Ich komme also immer mehr zu der Überzeugung, dass gerade die beschriebene Art der Verkündigung, diese spezifische Erfahrung von Glaube und Kirche, eine ganz wesentliche Ursache für die heutige Glaubens- und Kirchenkrise ist.

Diese Entwicklung gibt es nicht nur in Deutschland.

Die katholische Kirche ist nicht nur in Europa, aber hier ganz gewiss in einem tief greifenden Veränderungsprozess begriffen. Das gilt sowohl für ihr inneres Gefüge, für die Zahl der Gläubigen, als auch für ihre Stellung in der säkularen pluralen Gesellschaft. Viele in unserer Kirche, nicht nur die Amtsträger, empfinden den Verlust kirchlichen Einflusses auf die Lebensgestaltung des Einzelnen, auf die Entwicklungen in der Gesellschaft und auf politische Entscheidungen als eine einzigartige, dramatische Verlustgeschichte. Das ist nur schwer zu verkraften.

Aber wir werden in der Veränderung nur bestehen können, wenn wir ihr ohne Groll begegnen. Dafür hängt es entscheidend davon ab, dass wir den Wandel annehmen und aktiv gestalten, statt ihn mit Leichenbittermiene und Katastrophenparolen zu erleiden und unser Selbstmitleid zu pflegen. Mir kommen in diesem Zusammenhang oft die Katholiken und die katholische Kirche in der früheren DDR in den Sinn. Sie hatten aus der Zeit der kommunistischen Diktatur nicht nur die Erfahrung von Isolation, Marginalisierung und bisweilen von Verfolgung zu verkraften, sondern müssen heute als Minderheit auch mit der totalen Entfremdung einer überwältigenden Mehrheit von der christlichen Religion und den Kirchen fertig werden. Trotz dieser doppelten Zumutung plädiert der frühere Bischof von Erfurt, Joachim Wanke, unentwegt und unverdrossen dafür, unsere Gegenwart positiv und konstruktiv aufzunehmen. Wir sollten nach vorn schauen, nicht hinter uns. Wanke beschreibt eine falsche rückwärtsgewandte Haltung gern als Gegenwartsverweigerung. Im »Kölner Stadt-Anzeiger« vom 17.10.2014 schrieb er: »Ich bin nun 34 Jahre Bischof. Wenn ich nach der größten Zäsur in meiner Biografie frage, dann ist es sicher nicht der Wechsel in den Ruhestand, sondern die Wende vor 25 Jahren. Anfangs glaubte ich noch: ›Na ja, für uns als Kirche wird sich nicht so viel ändern. Weihnachten, Ostern, das Kirchenjahr – das bleibt doch im Wesentlichen alles dasselbe.‹ Aber dann war doch alles viel einschneidender als gedacht. Wir wurden mit unserer übersichtlichen, familiären, aber auch zur Selbstghettoisierung neigenden Diaspora-Kirche in eine offene, liberale Gesellschaft freigesetzt. Und wir hatten verlernt, wie man sich in ihr bewegt. Heute habe ich das Gefühl, mit einem Fuß in der alten Zeit zu stehen, mit dem anderen in der neuen. Aber ich sage klar: Die

Freiheit ist das Bessere! Wir leben ehrlicher – nicht mehr abgeschottet, sondern in der frischen Luft der Wirklichkeit, auch wenn sie manchmal zugig ist und wir uns behaupten müssen. Wir hatten uns in der DDR doch auch ein bisschen heimelig eingerichtet in unserer Nische und dem Selbstbild der ›kleinen bedrängten Herde‹, die ideologisch nicht gewollt und aus Sicht des Systems ein Überbleibsel war. ... Der Raum der Freiheit, in den wir als Kirche heute gestellt sind, der ist unaufgebbar. Da kommen wir nicht mehr heraus. Ich sehe das positiv, und ich wünschte mir, möglichst viele in meiner Kirche könnten diese Sicht teilen. Denn ich glaube, unsere Freiheit hat mit dem Willen Gottes zu tun. Es ist eine Lernerfahrung, die er Gläubigen wie Nichtgläubigen zumutet, dass wir Verantwortung übernehmen müssen. ... Deswegen verrät das dauernde Lamento über die angeblich schlimme Individualisierung und den Egoismus in der Gesellschaft doch einen sehr verengten Blickwinkel.«

Den Wandel gestalten oder den Wandel erleiden?

»Konservativ« – was bedeutet das?

Den Wandel gestalten – davon ist in der Kirche Deutschlands wenig zu spüren. Vorherrschende Reaktionen auf die merklichen Veränderungen sind Abwehr, Resignation oder Angst. Der Wandel wird erlitten. Das ist freilich keine katholische Spezialität, sondern eine wiederkehrende Erfahrung in fast allen gesellschaftlichen Gruppen, vor allem in verfassten Gremien und ihren Repräsentanten. In der katholischen Kirche unseres Landes haben Sie selbst eine bedeutende Funktion inne. Woher nehmen Sie den Impuls zu einem positiven Umgang mit Veränderungen?

In meiner Jugend habe ich den tief greifenden, für die Betroffenen oft schmerzlichen Strukturwandel in der Landwirtschaft miterlebt. Wir haben in der Katholischen Landjugend für eine aktive Gestaltung dieses Wandels mithilfe der Entwicklung einer neuen Agrarpolitik und einer entsprechenden Strategie für die Entwicklung der ländlichen Räume gekämpft. Mit jugendlicher Unbekümmertheit habe ich damals die Haltung des Bauernverbands so beschrieben: »Hinhaltender Widerstand, um ehrenvoll zu kapitulieren.« Diesem hinhaltenden Widerstand lagen drei verschiedene Einstellungen zugrunde: Die einen haben tatsächlich geglaubt, es werde schon so weitergehen – »nichts wird so heiß gegessen, wie es gekocht wird«. Andere gingen zwar davon aus, dass der Wandel aufzuhalten sei, aber sie meinten, es sei ja schon ein Erfolg, wenn er möglichst langsam verläuft – »nach uns die Sintflut«. Und auch eine dritte Gruppe hielt den Wandel für unaufhaltsam, argumentierte aber mit verbandlichen Eigeninteressen –

»kämpfen, damit uns die Mitglieder nicht von der Fahne gehen«. An all das erinnere ich mich jetzt wieder mit Blick auf unsere Kirche.

Die Tragik des bloßen Erduldens liegt immer darin, dass es die Kräfte schwinden lässt, die notwendig wären, um den Wandel zu gestalten. Das Erleiden ist der Weg der Selbstlähmung und des Selbstmitleids.

Warum gibt es gerade in der katholischen Kirche so viele, die dieser Spur folgen – oft in Verbindung mit einem ausgeprägten Konservatismus?

Ich fürchte, dass es eine Verquickung von Theologie und einem verdeckten oder offenen Machtanspruch Einzelner wie auch der Kirche als Institution gibt. Dazu kommt ganz schlicht die Angst vor Veränderungen, die nun einmal anstrengend und mitunter bedrohlich sind. Dafür gibt es in der Kirchengeschichte unendlich viele Beispiele, die aus heutiger Sicht nicht zu begreifen sind: die Verurteilung der »Modernismen«, die Ablehnung der Demokratie, der Gewissensfreiheit und der Menschenrechte und vieles andere mehr. Als wäre – fern jedes geschichtlichen Denkens und des bisherigen Weges der Kirche durch die Zeit – der Ist-Zustand jeweils das unüberbietbare Ideal. Auch in unserer Gegenwart ist das Beharren, das in erster Linie das Bestehende bewahren will, sehr stark und einflussreich. Veränderung bedeutet für diese Haltung immer nur Abschied, Verschlechterung, gar Verrat am »christlichen Erbe«.

Das Vermächtnis des Evangeliums ist ein anderes: »Prüfet alles, das Gute behaltet!«, schreibt Paulus – und meint nur das Gute.

Die Gleichsetzung von christlich und konservativ ist ein schwerwiegender Irrtum und eine schwerwiegende Fehlentwicklung. Jesus war bestimmt kein konservativer Bewahrer, er war sehr viel mehr ein Revolutionär – ein Revolutionär des

Geistes, der Parteinahme für die Schwachen, ein Gegner der starren und formalen Strukturen der »Amtsreligion« seiner Zeit und ihrer starren gesellschaftlichen Strukturen. Er war ein Kämpfer gegen die Unwahrhaftigkeiten in der Religion und der Gesellschaft, ein Hüter und Verfechter der Werte, aber ein Gegner von Strukturen, die letztlich diese Werte gefährden.

Ich finde sehr eindrucksvoll, was Hans Küng in seinem Buch »Was ich glaube« zum christlichen Lebensmodell des Jesus von Nazaret schreibt. Er meint, Jesus sei das Fundament echter christlicher Spiritualität. Folglich sei Christ, wer sich auf seinem Lebensweg bemüht, sich an ihm zu orientieren. »Er lässt sich weder bei den Herrschenden noch bei den Rebellierenden einordnen, weder bei den Moralisierenden noch bei den Stillen im Lande«, sagt Küng. »Er erweist sich als provozierend – aber nach rechts und links. Revolutionärer als die Revolutionäre.«

Aber liegt der Bestand der katholischen Kirche durch die Wirren von Jahrtausenden nicht auch gerade darin begründet, dass sie wesentlich konservativ ist?

Konservativ ist kein Wert an sich, modern und progressiv aber ebenso wenig. Sowohl in kirchenpolitischen wie in gesellschaftlichen Fragen könnte uns zur Orientierung und Bewertung die Unterscheidung zwischen »strukturkonservativ« und »wertkonservativ« weiterhelfen.

Also: Worum geht es bei dem, woran wir festhalten wollen? Um Strukturen und Traditionen, die sich unter spezifischen historischen Bedingungen und jeweils wandelbaren Formen entwickelt haben? Oder geht es um den Erhalt der zugrunde liegenden Werte, die dann in konkrete Lebensäußerungen und Strukturen gegossen wurden? Im Zentrum innerkirchlicher Diskussionen steht gegenwärtig die Frage, ob die Lehre weiterentwickelt werden muss, weil das menschliche Denken und Erfassungsvermögen immer begrenzt sind und uns die volle Wahrheit zu keinem Zeitpunkt abschließend zugänglich ist, oder ob die geltende Lehre tatsächlich das letzte Wort für alle Zeit und Ewigkeit ist. Diese notwendige Auseinandersetzung ist der eigentliche Streitpunkt auf der Bischofssynode zur Situation der Familien, zur Sexualethik und einer ganze Reihe anderer Fragen.

Die Repräsentanten der Kirche sind häufig nicht nur in kirchenpolitischen, sondern auch in gesellschaftlichen und politischen Fragen sehr konservativ. Gerade im politischen Raum scheinen die Attribute »katholisch« und »konservativ« fast synonym verwendet zu werden, verbunden mit einer Wahrnehmung unablässiger Bedenkenträgerei gegenüber neuen sozialen Entwicklungen.

Jeder lebendige soziale Organismus braucht die innere Spannung unterschiedlicher Sichtweisen und Positionen. Ob sie positive Energie freisetzen oder zu Blockaden führen, hängt vom Binnenklima einer Gemeinschaft und von der Haltung ihrer Führung ab. In unserer Kirche erleben wir gegenwärtig mit Papst Franziskus einen Pionier der angstfreien Kommunikation. Es ist natürlich schon eine bittere Diagnose zum Zustand der Kirche, wenn »angstfreie Kommunikation« Traum oder gar Utopie so vieler Katholiken ist – eine dramatische Defizitbeschreibung. Unser Papst setzt offensichtlich darauf, dass die Kirche, geführt vom Heiligen Geist, ihren Weg finden wird, wenn der Geist wehen darf, wo er will. Aus meinem jahrzehntelangen Engagement in der Gesellschaft und in der Politik weiß ich, dass für alle Organisationen und Institutionen die Fähigkeit zur Veränderung und zur Innovation davon abhängt, ob sie, die Institution, eine »geschlossene Gesellschaft«

ist oder offen für die Kommunikation mit ihrer Umwelt und für die Zeichen der Zeit. Das ist nicht Beliebigkeit, das ist geistliches und geistiges Ringen. In diesem Ringen hat die konservative Grundhaltung der Skepsis, des langfristigen Denkens, des »geprüften Fortschritts« zwar eine ganz wichtige Aufgabe, wenn aber diese Haltungen für sich allein stehen und den Kurs bestimmen, führen sie zur Erstarrung, in der Kirche ebenso wie in der Gesellschaft und in der Politik.

Sie sprechen dem Konservativen also eine teils heilsame, teils schädigende Funktion zu. Was ist dann der Maßstab?

Für mich liegt er in der erwähnten Unterscheidung zwischen struktur- und wertkonservativ. Es macht mich immer wieder aufs Neue ratlos, dass die Konservativen in Kirche und Politik beides so oft durcheinanderwerfen. Da wird der Abschied von der Kernenergie als Preisgabe angeblich konservativer Positionen gegeißelt, der Klimawandel samt den prognostizierten Folgen wird als bloße Marotte abgetan. Umgekehrt wird beispielsweise die Grüne Gentechnik – auch in Dokumenten des Vatikans – ohne tiefer reichende Reflexion gepriesen. »Konservative« gerieren sich da in einer Weise technologie- und fortschrittsgläubig, die mich erstaunt. Dabei hätten wir kritische Nachfragen als Gegenpol zu einer nicht selten unreflektierten Modernisierung mit all ihrer Vordergründigkeit und ihrem hektischen Aktionismus dringend notwendig. Aus dem konservativen Spektrum der Kirche ist davon leider zu wenig zu hören.

Kirchenkrise versus Glaubenskrise

Lassen Sie uns zum notwendigen Wandel in der Kirche zurückkommen. Was ist hier der Maßstab für »Erfolg« oder »Misserfolg«? Ist es die Mitgliederentwicklung, die Zahl der Taufen, der Aus- und Eintritte?

Das ist eine ganz wichtige Frage. Nach meiner Überzeugung ist es ein gefährlicher Irrweg, aus Zahlenkolonnen Bilanzen des Erfolgs oder Misserfolgs im kirchlichen Handeln abzuleiten. Andererseits sind die Zahlen gewichtige Indikatoren, inwieweit die Kirche ihren Auftrag erfüllt, die Frohbotschaft des Evangeliums den Menschen in ihrer Zeit und ihren Kulturen zugänglich zu machen. Ich gebrauche den Terminus »zugänglich machen«, erschließen, weil die »Weitergabe des Glaubens« nicht in gleicher Weise möglich ist wie etwa die Weitergabe von Vermögen. Das wird uns allen sehr bewusst, wenn wir sehen, dass es selbst Menschen, die ihren Glauben glaubwürdig leben, oft nicht gelingt, ihn in den eigenen Familien an die nächste Generation »weiterzugeben«. Glaube ist Gnade, ist die geschenkte Zuwendung Gottes und kein »Verdienst«, nicht das Ergebnis unserer eigenen Leistung. Wir dürfen uns aber auch nicht einfach auf diese Position zurückziehen und uns zurücklehnen. Mit solcher Bequemlichkeit beginnen die Selbstgefährdungen der Kirche: ihre Selbsttäuschungen und Ausflüchte.

Was meinen Sie damit?

Jeder Verein, jede verfasste Gemeinschaft, die mit ihren Zielen und ihren werbenden Botschaften immer weniger Menschen erreicht, würde sich selbstkritisch fragen, was sie falsch macht, was sie ändern muss. Noch mehr gilt dies natürlich für alle, die Waren und Dienstleistungen produzieren und dafür Kunden suchen. In der Kirche dagegen gibt es den gefährlichen Selbstschutzreflex, bei mangelnder Nachfrage die Schuld bei den potenziellen Abnehmern ihres Angebots zu suchen: »Ja, so sind sie leider, die Menschen von heute. Sie wollen nichts Unbequemes, sie wollen nichts Verbindliches. Also: An uns liegt es nicht.« Ich glaube, die wichtigste Grundhaltung der

Kirche muss sein, dass sie sich den Menschen zuwendet, um ihnen zu helfen, aber nicht aus Eigeninteresse und mit Erfolgskalkulation, sondern absichtslos, eben als purer Dienst für die Menschen und im Auftrag des Herrn. Das Leitbild einer dienenden und hörenden Kirche ist dafür der Wegweiser.

In der Auseinandersetzung über die Initiative von Erzbischof Robert Zollitsch als damaligem Vorsitzenden der Bischofskonferenz für einen bundesweiten »Dialogprozess«, aus dem dann ein »Gesprächsprozess« wurde, war wieder einmal von den Alternativen »Kirchenkrise versus Gotteskrise«, »Strukturreformen versus Glaubensvertiefung« die Rede. Welcher von beiden Seiten neigen Sie zu?

In der Debatte um Strukturreformen und Vertiefung des Glaubens wird immer wieder behauptet: Wir haben gar keine »Kirchenkrise«, sondern nur eine »Glaubenskrise«! Für die Verwalter des Status quo ist das eine bequeme Interpretation, die scheinbar vor Veränderung und damit verbundenen möglichen Verlusten schützt, in Wahrheit aber ein schwerwiegender Irrtum ist.

In der Kirche sind Ämter und Strukturen kein Selbstzweck. Egal, ob Laien mehr Verantwortung und größere Mitspracherechte reklamieren, oder ob Eigenheit und besondere Würde des Weiheamtes betont wird – alles ist am Dienstcharakter für die Verkündigung zu messen. Für die Verkündigung gilt aber, was für jegliche Kommunikation gilt: Die Annahme einer neuen, womöglich herausfordernden oder unangenehmen Botschaft hängt wesentlich davon ab, wie wir die Vertreter dieser Botschaft erleben, die Einzelnen ebenso wie die Institution. Die Offenheit der Menschen für den Zugang zur Botschaft der Kirche hängt ganz wesentlich davon ab, wie sie die Kirche als Institution und ihre Repräsentanten – uns Laienchristen eingeschlossen – erleben. Deshalb war der dramatische Glaubwürdigkeits- und Vertrauensverlust der vergangenen Jahre, insbesondere durch die Katastrophe des sexuellen Missbrauchs oder das Desaster von Limburg, von so negativer Wirkung. Andere Institutionen wären davon ähnlich betroffen gewesen wie die Kirche, weil wir auf erkennbare Glaubwürdigkeitsdefizite nun einmal mit Abwehr und Abkehr reagieren. Aber für die Kirche, die Glauben vermitteln will, ist mangelnde Glaubwürdigkeit ein besonders gravierender Makel. Als moralische Institution ist die Fallhöhe der Kirche entsprechend größer.

Eine Heilung ist doch nur über eine entsprechende innere Veränderung möglich und nicht durch Strukturveränderungen. »Da hilft nur mehr beten« – ist das eine so falsche Position?

Es ist ein Irrglaube anzunehmen, dass durch vermehrtes Beten die menschlichen und strukturellen Defizite der Kirche einfach überwunden würden und ihr damit wieder mehr Ausstrahlung und Glaubwürdigkeit zuwüchsen. Die Strukturen sind jeweils Ausdruck des geistigen Klimas. Das gilt für die streng hierarchische und auf Autorität ausgerichtete Struktur ebenso wie für eine Kultur des Dialogs, der Offenheit, des Zuhörens.

Die richtige Verbindung von Einheit und Vielfalt

Wir haben in unserer heutigen Welt ein breites religiöses Angebot voller Attraktionen, aber auch Widersprüchlichkeiten. Wie kann die katholische Kirche in diesem »Markt der Möglichkeiten« ihre eigene Botschaft, Jesus und das Evangelium, zur Geltung bringen?

Darauf gibt es keine Patentantwort. Es ist eine große Herausforderung, in der von den Naturwissenschaften geprägten Welt und angesichts unterschiedlichster Lebenserfahrungen der Menschen von heute die Botschaft verständlich zu vermitteln. Gerade deshalb ist das Ja zur Vielfalt der Glaubenswege und Frömmigkeitsformen so wichtig.

Der Münchner Religionsphilosoph Professor Eugen Biser hat die Situation und die Aufgabe einmal so beschrieben: »Wir haben es verlernt, die Menschen so anzusprechen, dass sie den Glauben als Antwort auf ihre Existenzproblematik erfahren und im Glauben eine Antwort auf das finden, was sie insgeheim schon immer so gesucht haben.«

Um dafür aber die richtige Sprache zu finden, brauchen wir in der Kirche vorausgehend die Haltung des Hörens und die Bereitschaft, die Menschen so anzunehmen, wie sie sind.

Für den weiteren Weg unserer Kirche und mit Blick auf notwendige Veränderung ist es sodann von besonderer Bedeutung, die richtige Verbindung von Vielfalt und Einheit zu finden, in der Gestaltung des inneren Lebens, der Glaubenswege, der Gemeinschaften und ebenso in den Strukturen. In einer Welt, die sich immer mehr ausdifferenziert, vielfältiger und globaler wird, ist es sowohl für die katholische Kirche in Deutschland wie für die Weltkirche entscheidend, den Trend zur Zentralisierung und Vereinheitlichung vergangener Jahrzehnte umzukehren.

Die notwendige Gegenbewegung hat die katholische Soziallehre als den Weg der Subsidiarität beschrieben. Das bedeutet den Vorrang der kleineren Einheit vor der größeren, wenn damit die Aufgaben sachgerecht erledigt werden können. Also beispielsweise der Vorrang der Familie als kleinste soziale Einheit und Zelle der Gesellschaft vor dem Anspruch der größeren Einheit. Es bedeutet auch den Vorrang der Eigenverantwortung vor dem Anspruch auf Hilfe, was der Struktur unseres Sozialstaates mit dem Vorrang der freien Träger vor dem staatlichen Anspruch auf Zuständigkeit entspricht. In unserem Staatsgefüge meint es den Aufbau nach dem Prinzip des Föderalismus. Die Selbstverwaltung der Kommunen ist dafür ein wichtiges Beispiel. Das Subsidiaritätsprinzip ist ein Verantwortungs- und ein Strukturprinzip mit Konsequenzen für die innere Organisation und die Gestaltungs- und Entscheidungsmöglichkeiten. Damit ist es der Schlüssel zur richtigen Verbindung von Vielfalt und notwendiger Einheit.

Auf die Ebene der Weltkirche übertragen bedeutet das, die Aufgaben und die Gestaltungsmöglichkeiten zwischen Weltkirche und Ortskirche neu zu ordnen. Papst Franziskus möchte den Zentralismus der Kurie abbauen und so den unterschiedlichen Situationen der Kirche in den verschiedenen Religionen und Kulturen der Welt mit einer Neuordnung der Aufgaben und Entscheidungskompetenzen gerecht werden. Um diese künftige Struktur wird gegenwärtig heftig gerungen. Dabei ist festzustellen, dass es im realen kirchlichen Leben hier nicht nur um Theologie, sondern auch um Machtfragen geht.

Dieser Maßstab der Subsidiarität ist aber auch ebenso wichtig für die innere Gestaltung in den Ortskirchen, von den Diözesen bis zur Bundesebene.

Dialogprozess: Wandel braucht Zeit

2015 findet in Würzburg die letzte der Veranstaltungen des Dialogprozesses auf Bundesebene statt. Über den Wert und die Wirkung dieser Veranstaltungsreihe gibt es sehr unterschiedliche Bewertungen. Viele vermissen vor allem eine entsprechende Verbindlichkeit von Ergebnissen. Hat diese Reihe von Gesprächen in der katholischen Kirche Deutschlands etwas verändert?

Der Dialogprozess oder Gesprächsprozess hat sich nicht nur auf die Veranstaltungen auf der Bundesebene beschränkt. Die

Entscheidung der Bischofskonferenz war ein Signal, in vielen Diözesen, Verbänden und Gemeinschaften Themen aufzugreifen, die bislang verdrängt und tabuisiert worden waren. Der Schock nach dem Bekanntwerden des sexuellen Missbrauchs in unserer Kirche war an dieser Stelle heilsam. Dadurch wird die Krise zum Ausgangspunkt für positive Entwicklungen. Ein »Weiter so« war einfach nicht mehr möglich.

Veränderungen können immer nur Prozesscharakter haben und brauchen ihre Zeit. Der notwendige tief greifende Kulturwandel in der katholischen Kirche – nicht nur in Deutschland – kann nicht von heute auf morgen erfolgen. Aber es ist ein positiver Prozess im Gang, im Sinne einer besseren Gesprächskultur, eines offenen Ringens um den richtigen oder besseren Weg. Das hat das innere Klima in unserer Kirche verändert und neue Wege erschlossen. Damit wurden Themen wie die Rolle der Frauen in unserer Kirche oder die Situation Geschiedener und Wiederverheirateter nicht länger verdrängt, sondern zu sehr konkreten Beratungsthemen. Den Studientag der Bischofskonferenz zum Thema »Frauen in der Kirche« hätte es ohne den Dialogprozess nicht gegeben, um nur ein Beispiel zu nennen. Andere Themen sind angepackt, brauchen aber noch viel mehr Konkretisierung, wie etwa die Aufgabenverteilungen zwischen geweihten Amtsträgern und Laien. Und alle miteinander haben wir keine Lösung, die sich herbeizaubern ließe, für die Aufgaben der Kirche und die Zugänge zur Religion.

Teilen Sie nicht den Eindruck, dass manchen Bischöfen die begonnene Dynamik längst nicht mehr geheuer ist und sie den Geist am liebsten zurück in die Flasche befördern würden?

Dies mag für einzelne Bischöfe zutreffen, sicher nicht für die Mehrheit. Insgesamt gibt es aber noch viel Unsicherheit und

auch Vorbehalte, was verbindlichere Formen der Zusammenarbeit betrifft. Der Weg zu synodalen Prozessen ist noch sehr
holprig.

Den »Suchenden« entgegengehen

Wie sehen Sie den ideologischen Druck auf die Kirche von außen? Immer
wieder hört man die Klage gestiegener Feindseligkeit gegenüber der Kirche
und eines zunehmenden aggressiven Atheismus.
Nach meiner Wahrnehmung ist die Stimme der aggressiven
Kirchengegner lauter geworden und findet unter dem Eindruck der großen Glaubwürdigkeitskrise unserer Kirche vielleicht auch mehr Gehör. Andererseits: In den vorbereitenden
Gesprächen für den Katholikentag in Leipzig 2016 haben wir
unsere Partner dort gefragt, wie wir die notwendige Debatte
mit den Atheisten auf diesem Katholikentag gestalten sollten.
Die Antwort war, dass der Bevölkerungsanteil der erklärten
Atheisten vielleicht so hoch ist wie der der Katholiken, also
um die vier bis fünf Prozent, aber nicht mehr. Das »Problem«
der katholischen Kirche in Leipzig und in den Ländern
Ostdeutschlands – nach einer amerikanischen Studie die am
meisten säkularisierte Region der Welt – sind nicht die Atheisten, sondern die Entfremdeten, die der Kirche Fernstehenden.
Die katholische Kirche ist ihnen ein weithin unbekanntes Wesen. Bei der Dialogveranstaltung 2013 in Magdeburg hörte ein
Teilnehmer, wie im Hotellift ein Besucher den anderen fragte,
was denn hier los sei und wer sich da treffe, und dieser ant-
wortete darauf: »Ach, irgendeine Sekte.«
Nun behaupten Religionssoziologen, dass nach verschiedenen Unter-
suchungen noch nie so viele Menschen nach Sinn und Orientierung su-
chend unterwegs waren wie gegenwärtig. Warum erreicht die katholische

Kirche und erreichen die christlichen Kirchen insgesamt dann diese »Suchenden« so wenig?

Dieser Frage müssen wir uns stellen. Und ich finde darauf keine wirklich schlüssige Antwort. Vielleicht ist der gemeinsame Nenner dieser Menschen nur, dass sie irgendetwas suchen, ohne eine Vorstellung zu haben, was ihnen Lebenssinn und Orientierung geben könnte. Die innere Widersprüchlichkeit in unserer Gesellschaft zeigt sich zum Beispiel gerade auch in der Diskrepanz zwischen einer vermeintlich totalen Rationalität in der heutigen Welt und der gleichzeitigen Empfänglichkeit der darin lebenden Menschen für Esoterik. »Jeder vierte Deutsche zeigt sich aufgeschlossen gegenüber Wunder- und Geistheilern. Gut vierzig Prozent der Bevölkerung halten etwas von Astrologie und New Age, mehr als die Hälfte äußern Sympathie für Anthroposophie und Theosophie. Die Esoterik gleicht heute einem Supermarkt. Zur Auswahl steht der Fundus der Weltreligionen: die Engel und die Heiligen aus dem Christentum, Geister und Götter aus dem Hinduismus, die Anthroposophie Rudolf Steiners ist untergemischt sowie eine Mixtur aus Philosophie, Glauben und Aberglauben; dazu gehört das autoritätsstiftende Vokabular der Naturwissenschaften mit ihren ›Feldern‹, ›Energien‹ und ›Quanten‹« (Die Zeit, Nr. 21, 16. Mai 2013).

Das beschreibt also den »Gemischtwarenladen Religionen«. Wie schnell wird katholischer Glaube mit manchen seiner Erscheinungsformen als »Wunderglauben« eingeordnet und abgewertet! Und demgegenüber gibt es so viel Aberglaube, so viel unkritischen Wunderglauben des »modernen« Menschen.

Was ist darauf die Antwort?

Ohne vordergründige Erfolgskalkulationen den notwendigen Weg einer hörenden und dienenden Kirche weiterzugehen, mit Gottvertrauen und mit der Bereitschaft des Einzelnen, das jeweils Mögliche und Notwendige zu tun.

Was meint die Forderung nach »Entweltlichung« der Kirche?

Es gibt aber auch ganz andere Schlussfolgerungen: mehr Profil durch klare Kante zu moralischen und gesellschaftlichen Themen. Die Kirche muss – so eine der weiteren Forderungen – authentischer und eindeutiger werden. Ein Beispiel dafür ist die Rede von Papst Benedikt XVI. in Freiburg mit der Forderung nach einer Entweltlichung der Kirche. Ist das der Weg?

Diese Rede hat unterschiedlichste Deutungen erfahren, oft nach dem Motto: Damit ist meine eigene Position bestätigt und der Reformbedarf »der anderen« eingefordert. Weil die Rede so deutungsoffen ist und die Interpretationen so vielfältig sind, ist sie in ihrer Wirkung wohl auch sehr begrenzt. Trotzdem bleibt die Ausgangsfrage, ob wir zu viel »Verweltlichung« in unserer Kirche haben. In jeder Institution ist die Gefahr der ausschließlichen Beschäftigung mit sich selbst groß. Papst Franziskus kritisiert dies besonders scharf in seiner Kirche.

Was könnte noch mit einer zu starken »Verweltlichung«, einer zu starken Anpassung an die Welt gemeint sein? Und an welche Welt? Geht die Gefahr von einem Glaubens- oder Religionsverständnis aus, das Religion primär als Lebenshilfe, als Wellnessprogramm oder als eine Art Psychopharmakon in allen Schwierigkeiten des Lebens begreift? Ist mit Verweltlichung das Macht- und Karrierestreben in der Kirche gemeint? Oder das Festhalten an Formen einer prunkvollen Selbstinszenierung aus der Zeit der Könige und Kaiser?

Ich denke, wir können gegenwärtig zwei exemplarische Orte von zu viel Verweltlichung und notwendiger Entweltlichung bestimmen: Sowohl in Rom als auch in Limburg ist der Reformbedarf in der Kirche aufgrund einer Verweltlichung im Denken, im Handeln, in Strukturen sichtbar geworden – und auch der anhaltende Widerstand gegen solche Veränderungen, jeweils unterlegt mit theologischen Erklärungsmustern. Das Paradoxe an der Situation ist, dass die Heilungschance in beiden Fällen wesentlich darin besteht, »weltliche Methoden« in kirchliche Strukturen als Gegenerfahrungen zu implantieren.

Bevor wir darauf näher eingehen: Was ist nach Ihrer Meinung der Ausgangspunkt, die Quelle der von Ihnen beschriebenen Verweltlichung?

Die eigentlichen Ursachen dieser Entwicklungen sind, wie es Papst Franziskus nennt, eine »narzisstische Theologie«, eine Selbstbezogenheit der Institution und ihrer Repräsentanten und die mangelnde Transparenz in einer »geschlossenen Gesellschaft«. Hinzu kommt das dem Menschen innewohnende Streben nach Macht und Einfluss. Papst Franziskus sucht die Veränderung und die Heilung dieser Fehlentwicklungen in einer Veränderung der inneren Einstellung und der Strukturen. Die Veränderung der inneren Einstellung meint vor allem die Betonung des Dienstcharakters der kirchlichen Ämter und der Kirche als Ganzes. Seine grundsätzliche Botschaft, weltlich gesprochen seine »Regierungserklärung« im Lehrschreiben *Evangelii Gaudium* (EG), beschreibt dies ganz eindringlich. Deshalb ist diese grundsätzliche Ausrichtung für die Kirche in ihrer Gesamtheit und in all ihren Verzweigungen von Bedeutung, angefangen bei der Leitung der Weltkirche mit der Kurie bis hin zu den Pfarreien und geistlichen Gemeinschaften. Deshalb müssen wir uns auch alle damit auseinandersetzen, was der Papst beispielsweise mit »spiritueller Weltlichkeit« meint (vgl. EG 93–97). Hier geht es um ein weit größeres Programm als um die Aufrechnungen im Detail, wer mit welchem Aufwand was betreibt, wer welches Auto fährt oder wer auf wie vielen Quadratmetern wohnt.

Welchen Zusammenhang gibt es zwischen der »Entweltlichung«, die Papst Benedikt forderte, und der »spirituellen Weltlichkeit«, die Papst Franziskus in Evangelii Gaudium *anspricht?*

Ich glaube, dass beide Aspekte einen inneren Zusammenhang haben. Papst Franziskus schreibt: »Diese bedrohliche Weltlichkeit zeigt sich in vielen Verhaltensweisen, die scheinbar einander entgegengesetzt sind, aber denselben Anspruch erheben, den ›Raum der Kirche zu beherrschen‹. Bei einigen ist eine ostentative Pflege der Liturgie, der Lehre und des Ansehens der Kirche festzustellen, doch ohne dass ihnen die wirkliche Einsenkung des Evangeliums in das Gottesvolk und die konkreten Erfordernisse der Geschichte Sorgen bereiten.« Der Papst beschreibt dann viele Formen kirchlichen Lebens, die er als Fehlentwicklung betrachtet, gewissermaßen eine Dominanz der Äußerlichkeiten: »Wer in diese Wirklichkeit gefallen ist, schaut von oben herab und aus der Ferne, weist die Prophetie der Brüder ab, bringt den, der ihm Fragen stellt, in Misskredit, hebt ständig die Fehler der anderen hervor. Es ist eine schreckliche Korruption mit dem Anschein des Guten« (EG 95). All dies spiegelt sich sicher nicht nur in der Kurie wider, ist aber wohl ein Teil der inneren Wirklichkeit, die den Papst zu seiner durchgreifenden Kurienreform veranlasst. Sie ist das konkreteste Entweltlichungsprogramm, das es in der katholischen Kirche seit Langem gegeben hat. Die Weihnachtsansprache 2014 von Papst Franziskus vor der Kurie beschreibt diese Situation und die notwendigen inneren Veränderungen mit drastischen Worten.

Entsprechend groß war auch der Widerstand.

Davon ist viel zu lesen und zu hören. Solche Veränderungen sind unausweichlich mit Spannungen und Auseinandersetzungen verbunden. Zudem passt dieser Papst nicht in unsere gewohnten Schubladen mit den Etiketten »konservativ« und »modern«. Er sprengt unser europafixiertes Denken, und das ist eine wichtige Lernerfahrung für uns und die ganze Kirche. Erschreckend sind aber auch manche Nachrichten und Erfahrungen davon, wie abwertend, wie hämisch dort über den Heiligen Vater gesprochen wird: ein Betriebsunfall der Kirchengeschichte! Ein naiver Pfarrer! Nicht selten stammen diese Worte von Menschen, die vorher Treue zum Papst und Romtreue zum Maßstab für katholischen Glauben und kirchliche Gesinnung erklärt hatten.

Als deutschen Prüfstein für Verweltlichung und Entweltlichung haben Sie Limburg genannt. Hat die Krise dort im Kern dieselben Ursachen wie die dramatischen Fehlentwicklungen in der Kurie?

In der Tat! Eine »Theologie« der Selbstbezogenheit im Kirchenverständnis und im Amtsverständnis des Bischofs, mangelnde Transparenz, ausgeprägte und systematische Geheimnistuerei in den Entscheidungen und ein massives Gremienversagen. Es geht mir jetzt gar nicht um ein Nachkarten mit weiterer Verurteilung, sondern vor allem um notwendige Konsequenzen. Diese zu ziehen gilt nicht nur für die schwer erschütterte und anscheinend weiter von vielen Spannungen geprägte Diözese, sondern ebenso für die ganze katholische Kirche in Deutschland. Die strukturellen Bedingungen in Limburg, die diese Fehlentwicklungen ermöglicht und begünstigt haben, sind kein Einzelfall, sondern entsprechen in vielem dem, was in allen Diözesen Deutschlands Usus ist, wenn auch mit einiger Variationsbreite. Bei der Aufarbeitung der bitteren Erfahrungen des sexuellen Missbrauchs hat sich die katholische Kirche in Deutschland, auch mithilfe externer Fachleute, sehr gründlich mit den geistigen und strukturellen Bedingungen dieser Entwicklung auseinandergesetzt. Dasselbe sollte jetzt für Limburg gelten. Dann wird auch hier aus der Krise über die Aufarbeitung der Weg zu einer neuen und zukunftsweisenden Entwicklung erschlossen.

Intransparenz – kirchlicher Hemmschuh auf dem Weg zu neuen Strukturen

Limburg war der Anstoß für die Forderung nach mehr Transparenz in den kirchlichen Finanzen und daraus wurden weithin schon Konsequenzen gezogen und weitere Veränderungen vorbereitet. Die Finanzen sind aber nur ein Teil eines größeren Gesamtkomplexes. Welche weiteren Schlussfolgerungen müssen aus den Erfahrungen von Limburg gezogen werden?

Ein Grundproblem der Katholischen Kirche ist die Intransparenz in der Meinungsbildung zur Entscheidung und in der Begründung von Entscheidungen. Die Intransparenz ist eine der größten Selbstgefährdungen unserer Kirche. Dies gilt nicht nur in Hinblick auf die Finanzen. Die diversen Krisen können nur durch Offenheit, Transparenz und ein Ernstnehmen der Kritik überwunden werden. Strukturelle Bedingungen und rechtliche Regelungen sind immer dann von ausschlaggebender Bedeutung, wenn es um Regelungen von Meinungsverschiedenheiten und um Entscheidungen und die Verantwortung dafür geht. Gleichzeitig sind sie eine Vorsorge gegen Fehlentwicklungen. Deshalb sind zum Beispiel Satzungen notwendig und ist es wichtig, die darin enthaltenen Regularien, etwa im Hinblick auf Transparenz bei Finanzen, Rechenschaftsberichten etc., ernst zu nehmen, auch dann, wenn keine Fehlentwicklungen vermutet oder sichtbar werden. Wenn man damit erst beginnt, wenn man Schwierigkeiten oder Unregelmäßigkeiten vermutet, heißt es schnell: »Danach haben wir noch nie gefragt, und wenn wir das jetzt tun, das erscheint ja gleich wie ein Misstrauensvotum.« Das gilt übrigens auch für das ganze Vereinsleben. Strukturen, klare Regeln und Rechenschaftspflichten sind nicht erst in Krisen wichtig. Verfahrensregelungen und theologisches Amtsverständnis sind nicht erst dann von Bedeutung, wenn ein Bischof (oder Priester) mit einem theologisch überhöhten Amtsverständnis autoritäre Verhaltensmuster gegenüber »dem Kirchenvolk« begründet und legitimiert und entsprechende Akzeptanz verlangt. Aber es ist wichtig zu begreifen, dass geltende Regelungen genau solche extremen Entwicklungen wie in Limburg ermöglichen oder gar begünstigen. Die Schuld für die Fehlentwicklungen und die Krise liegt gewiss nicht nur beim Bischof, sondern auch im Versagen der Gremien und damit bei den Mitgliedern derselben. Das Domkapitel hat sich in einer Erklärung dazu bekannt, und das ist besonders anzuerkennen. Die Aufarbeitung dieser Krise ist aber auch ein gutes Beispiel, sie sollte ein Modell für das Handeln unserer Kirche werden.

Wo sehen Sie diese positiven Ergebnisse aus Limburg?

Das beginnt mit der Einsetzung einer unabhängigen Kommission, die alle Beteiligten gehört hat. Beides ist schon bemerkenswert: »unabhängig« und »alle Beteiligten hören«. Gerade Letzteres ist in Konflikten in unserer Kirche nicht der Standard, sollte es aber bei strittigen Sachverhalten, auch im Umgang mit Theologen und Priestern, werden.

Das Ergebnis dieser Kommission war ein Bericht mit einer Qualität, dass er in seinen Resultaten auch von denen nicht angezweifelt wurde, denen das Ergebnis nicht gefallen konnte. Ebenso beispielhaft ist die Veröffentlichung dieses Berichtes im Internet. Das war das wirksamste Mittel gegen weitere Verschwörungstheorien mit ihrer schleichenden Vergiftungswirkung. Auch hier wieder: Transparenz ist das beste Mittel gegen Denunziation, Verdächtigungen und undurchschaubares Handeln. Die schon erwähnte Erklärung des Domkapitels, in der eigene Versäumnisse und Fehler eingestanden wurden, ist auch ein beispielloser und beispielhafter Vorgang.

Aus dem Bericht ist zudem ersichtlich, dass geltende Verfahrensregeln nicht eingehalten wurden, selbst kirchenrechtliche Regelungen nicht – und dies auch gar nicht eingefordert wurde! Auf entsprechenden Vorhalt hieß es dann: »Einem Bischof widerspricht man nicht.« Auf die Ebene der Gemeinden bezogen: Einem Pfarrer widerspricht man nicht! Das kennzeichnet traditionell die Haltung vieler Gremienmitglieder und nicht selten auch die Erwartungshaltung der Pfarrer. Der Bericht macht also grundsätzliche Probleme in der Führungskultur in unserer Kirche sichtbar. Das sind die Gefahren einer Gremienkultur, die von hierarchischem Denken geprägt ist, und somit besondere Ausprägungen der Selbstgefährdung unserer Kirche.

Welche Erwartung haben Sie in diesem Zusammenhang an die Bischofskonferenz?

Ich hoffe sehr, dass die Bischofskonferenz im Hinblick auf die notwendigen Konsequenzen nicht bei den Finanzen stehenbleibt, sondern die hier angesprochenen Fragestellungen aufnimmt und sich damit auseinandersetzt, nicht nur intern, sondern auch im Diskurs mit »dem Kirchenvolk« und externen Experten, die im Hinblick auf Führungs- und Gremienkultur kompetent sind. Die Verfahrensweise der Bischofskonferenz mit der Aufarbeitung des sexuellen Missbrauchs ist dafür ein gutes Modell.

Der Einwand wird sein, dass die Kirche von ihrem Selbstverständnis her mit anderen Organisationen nicht zu vergleichen sei.

Es geht auch nicht darum, die Kirche wie jede andere Organisation zu strukturieren. Es wäre aber schon viel geholfen, wenn wir zu einer klareren Unterscheidung kämen, was die Aufgabe des Lehramtes im Hinblick auf die Inhalte der Verkündigung ist und wo es um die Regeln für das Zusammenleben der Gemeinschaft der Getauften und Gefirmten geht.

Wie kann man das Leitbild dieser Kirche dann beschreiben?

Kardinal Walter Kasper hat es in seiner Rede in der Katholischen Akademie in München im November 2011 (http://www.kardinal-kasper-stiftung.de/vortrag_muenchen.html) so formuliert: »Wenn wir in diesem Sinne die sakramental begründete Communio-Wirklichkeit der Kirche in die konkrete Realität umsetzen wollen, dann gehört dazu Kommunikation, und das heißt also die Neubelebung und Stärkung synodaler Institutionen in der Kirche, auf der ortskirchlichen wie auch auf der universalkirchlichen Ebene. Diese Erneuerung ist keine Neuerung. Sie hat nichts mit einer gelegentlich kritisch beschworenen Rätekirche zu tun; sie entspricht vielmehr ältester Tradition, die es unter den heutigen Gegebenheiten neu aufzugreifen gilt, um aus dem Geist der Communio einen aus überholtem gesellschaftlichem Muster stammenden, einseitigen autoritativ-hierarchischen Stil zu überwinden und um der Kirche ein junges, frisches Gesicht und eine erneuerte Gestalt zu geben.«

Das ist aber doch viel ekklesiologische Lyrik!

Gewiss braucht es eine Entwicklung dahin, aber im Pontifikat von Papst Franziskus werden diese Ideen wieder ein ernstzunehmendes Thema. Die Gestaltung der außerordentlichen Bischofssynode zum Thema Familie ist dafür ein Beispiel. Synodale Strukturen müssen nicht zur Folge haben, dass nun alles in Gremien beschlossen wird, aber es ist auf jeden Fall der Weg zu einer konkreteren und wirksameren Beteiligung.

Prüfstein Praxis – wie könnten neue Strukturen konkret aussehen?

Was bedeutet das aber jetzt für die Situation in Deutschland? Wie soll es oder kann es weitergehen?

Das ist eine ganz drängende Frage im Hinblick auf die Zeit nach dem Dialogprozess, dem Projekt der Bischofskonferenz. Dieser Weg hat viel Positives bewirkt, aber jetzt auch verstärkt eine Erwartungshaltung für konkretere Formen der Beratung und Beteiligung geweckt. Hier befinden wir uns schon auf einer Gratwanderung in der Spannung von Erwartungen und Frustrationen. Generell kann man feststellen, dass viele, die bis 2010 schon resigniert auf dem Rückzug waren, wieder bereit sind, sich zu engagieren. Nun ist die wichtige Aufgabe, vielleicht in der Zusammenarbeit mit der Deutschen Bischofskonferenz andere Wege des konkreten Miteinanders zu entwickeln. Dies gilt aber nicht nur für die Bundesebene, sondern auch für die Diözesen und insbesondere für die Mitwirkung und konkretere Beteiligung der Laien in den Pfarrgemeinden.

Die künftige Struktur der Pfarrgemeinden wird aber in den einzelnen Diözesen offensichtlich sehr unterschiedlich geplant und organisiert.

Dies gehört zu den Fragen, die in unserer Kirche engagierte Katholikinnen und Katholiken in ganz Deutschland am allermeisten berühren. Von den Antworten wird für die Zukunft der katholischen Kirche in Deutschland sehr viel abhängen. Werden sich zentralistische Strukturen durchsetzen, führt dies zum Rückzug der Kirche als erlebbare Glaubensgemeinschaft aus den Lebensräumen der Menschen.

Das kann doch niemand wünschen.

Manche Bischöfe antworten auf solche Einwände, »die Menschen fahren zum Konzert oder zum Einkaufen so weite Wege.

Dann ist es ihnen doch wohl auch zumutbar, dass sie das zum Gottesdienst tun – wenn er ihnen wichtig ist.« Dies wird theologisch mit der Unverzichtbarkeit der Eucharistiefeier am Sonntag und für die Pfarrstruktur mit der herausgehobenen Bedeutung des Weiheamtes des Priesters begründet. Andere Bischöfe setzen auf die Präsenz der Kirche in den Lebensräumen der Menschen und wählen Verbundstrukturen mit einer neuen Aufgabenverteilung zwischen Priestern und Laien und einer Aufwertung der Wortgottesdienste.

Sollten denn wirklich entlang der Diözesangrenzen, die mancherorts mitten durch die Städte gehen, unterschiedliche Regelungen gelten, in denen sich dann gleichzeitig ein unterschiedliches theologisches Verständnis dokumentieren würde?

Die gegenwärtige Entwicklung läuft darauf hinaus – eine Folge der kirchenrechtlichen Situation, dass solche Regelungen eben nicht auf der Bundesebene einheitlich getroffen werden können. Die Bischofskonferenz ist nach dem gegenwärtigen kirchenrechtlichen Status nur so etwas wie eine unverbindliche Arbeitsgemeinschaft. Der gemeinsame Nenner aller Bischöfe ist, unabhängig von ihren sonstigen Meinungsverschiedenheiten auch theologischer Art, dass sich die Bischofskonferenz in die Entwicklung der jeweils eigenen Diözese nicht einzumischen hat. Dafür gibt es gute Gründe im Aufbau unserer Kirche, bestehend aus Ortskirchen mit verantwortlichen Bischöfen und darüber der universalkirchlichen Ebene mit dem Papst. Aber diese Struktur hat gleichzeitig fatale Auswirkungen: Für die Gläubigen und erst recht für alle, die die innerkirchlichen Strukturen nicht kennen, ist das Eigenleben der Diözesen mit ihrem scheinbar unkoordinierten Nebeneinander nicht nachvollziehbar. Es ist auch der Glaubwürdigkeit der Kirche abträglich.

Nicht zuletzt darum sind die Entscheidungen über die künftigen Seelsorgestrukturen für die innere Entwicklung, für die Nähe der Kirche und ihrer Verkündigung zu den Menschen und für ihre Rolle in der Gesellschaft von außerordentlicher Bedeutung.

Was ist mit der Rolle der Laien in der Kirche?

Die theologische und kirchenpolitische Grundsatzfrage ist, was im Beirat der Gemeinsamen Konferenz, einem Gremium mit jeweils zehn Vertretern der Deutschen Bischofskonferenz und des ZdK, im gemeinsamen Arbeitspapier »Das Zusammenwirken von Charismen und Diensten im priesterlichen, prophetischen und königlichen Volk Gottes« so beschrieben wurde: »Das Zusammenwirken von Charismen und Diensten im priesterlichen, prophetischen und königlichen Volk Gottes. Hier geht es um die theologische Begründung der Aufgaben aller Getauften und Gefirmten in Sinne des im Konzil beschriebenen gemeinsamen Priestertums aller Getauften und Gefirmten.« Darüber gibt es aber offensichtlich auch innerhalb unserer Bischofskonferenz sehr kontroverse Ansichten.

Diese Entscheidungen, diese Weichenstellungen sind von ganz großer Bedeutung für die künftige Bereitschaft von Laien, sich in der Kirche zu engagieren. Hier sind wir wiederum in einer zunehmend kritischen Situation.

Warum »zunehmend«? Der Istzustand ist doch keine Veränderung gegenüber früher.

Die Erwartungen der Menschen haben sich jedoch verändert. Wir haben eine gefährliche innere Entwicklung, die ein Bischof in einem Gespräch einmal mit folgender Schilderung verdeutlicht hat: »Früher hatten wir im Diözesanrat kompetente und bekannte Persönlichkeiten aus dem öffentlichen Leben. Sie haben damit sowohl die innerkirchliche Bedeutung

wie auch die Wirkung nach außen durch ihre Mitarbeit ge-
stärkt. Heute finde ich in meinen diözesanen Gremien kaum
mehr solche Persönlichkeiten.« Es war eine besorgte Fest-
stellung. Warum haben wir diese Entwicklung, nicht nur in
diesem Diözesanrat? Es lässt sich genauso auf viele Pfarr-
gemeinderäte und Kirchenverwaltungen übertragen. In einer
Gesellschaft, in der nicht mehr der autoritative Führungsstil,
sondern die partnerschaftliche Zusammenarbeit das Leitbild
ist, verweigern Menschen auf Dauer die Mitarbeit, wenn sie
nur für eine mehr oder minder folgenlose Beratung vorgesehen sind, während sie total abhängig von der Aufgeschlos-
senheit und dem Wohlwollen des Bischofs oder des Pfarrers
bleiben. Der zunehmende Rückzug von Menschen, die es ge-
wohnt sind, in ihren sonstigen Aufgabenfeldern hauptberuflich oder ehrenamtlich mitzugestalten und Verantwortung zu
übernehmen, ist bedrohlich für die innere Entwicklung der
Kirche und für die Wirksamkeit von Kirche und Katholiken
in Deutschland in Gesellschaft und Staat.

Wenn die Entwicklung so offensichtlich und so bedrohlich ist, warum rea-
giert die Kirchenleitung nicht anders darauf?

Hierin ist das Verständnis vom Weiheamt berührt. In einer
»priesterzentrierten« Kirche bleiben die Laien trotz aller theologischen Erklärungen und rhetorischen Girlanden zu ihrer
Bedeutung als Getaufte und Gefirmte letztlich mehr oder minder im Status von Hilfskräften. Dies findet aber immer weniger Akzeptanz.

Für viele ist die rückläufige Zahl der Priester, also die immer geringere
Zahl der Neupriester ein Schlüsselgeschehen. Was ist die Ursache dafür?
Der Zölibat? Ein zu schwacher Glaube? Eine immer geringere Anzie-
hungskraft des Priesterberufs, weil man vor Ort ständig gestresste Seelsor-
ger erlebt?

Die Ursachen sind sicher vielfältig. Eine davon liegt schon in der statistischen Wahrscheinlichkeit, dass bei einer immer geringeren Zahl von Gläubigen und immer weniger jungen Menschen in der Kirche auch die Zahl der Priesterberufungen abnimmt. Dann nenne ich auch Schwierigkeiten der Glaubensvermittlung in der modernen Welt sowie veränderte Familienstrukturen. Und nicht zuletzt die Tatsache, dass junge Leute immer weniger junge Priester erleben, die ihnen ein anziehendes Beispiel geben. Die Gesamtentwicklung jedenfalls ist eindeutig, und dies eben nicht nur in Deutschland und Europa.

Ich denke, eine andere Überlegung führt uns weiter als bloße Zahlenspiele. Erzbischof Robert Zollitsch hat zu Beginn des Dialogprozesses in einem Gespräch mit Vertretern der geistlichen Gemeinschaften empfohlen, gemeinsam darüber nachzudenken, ob der Priestermangel nicht ein Weg des Heiligen Geistes sei, um den vielen Charismen in unserer Kirche mehr Raum zu geben und sie zur Entfaltung zu bringen, also durch den erzwungenen Abschied von der priesterzentrierten Kirche gleichzeitig die Fähigkeiten aller Getauften und Gefirmten zu wecken und zu fördern. Diese Aussage ist sicher für viele überraschend und herausfordernd. Sie liegt jedenfalls jenseits der gängigen Erklärungen, die in der Entwicklung vor allem einen Niedergang der Kirche und des Glaubens sehen. Doch unabhängig davon: Mit der Offenheit für die Realität und die damit verbundenen Impulse, wie sie Erzbischof Zollitsch benannt hat, könnten leichter neue Wege für die Pastoral entwickelt werden.

Die immer geringere Zahl von Priestern zwingt doch zu Konsequenzen.
Möchte man meinen. Der Veränderungsdruck ergibt sich aber nicht nur aus der immer geringer werdenden Zahl von Priestern, sondern auch aus der Entwicklung bei den Gläubigen.

Die Zusammenarbeit in größeren Einheiten ist unumgänglich. Die Frage ist, ob man dies in zentralisierter Form in der ausschließlichen Fixierung auf die Hoheitsfunktion des Priesters oder in Verbundlösungen mit einer entsprechenden Aufgabenverteilung überlegt. Zu den Schlüsselentscheidungen zählt dann die Frage, ob Gemeindeleitung durch Laien wie in vielen Regionen der Weltkirche möglich ist oder nicht, und wenn ja, in welchem Verbund mit einer »Oberaufsicht« oder »Gesamtleitung« durch den Priester. Hinzu kommt aber auch, dass leider eine zunehmende Zahl der jungen Priester ein überhöhtes Amtsverständnis mitbringen und zu Teamarbeit nicht willens und nicht fähig ist. Auch nicht wenige Priester aus dem Ausland, die von einem völlig anderen kulturellen Verständnis geprägt sind, tun sich damit schwer.

Was ist nun die Schlussfolgerung aus alldem? Eine »moderne Kirche« für den »modernen Menschen«?

Mit hektischem Aktionismus und Marketingdenken werden wir die Menschen nicht wirklich erreichen, jedenfalls nicht die ernsthaft Suchenden. »Sie (die Kirche) muss, statt noch betriebsamer zu werden, eine eigene Tiefe finden, eine eigene Frömmigkeit, einen eigenen Lebensstil – zwischen dogmatischer Starre und Auflösung des Gottesgeheimnisses in einer Wellness-Religiosität, in der Gott nicht mehr ist als der beste aller Therapeuten. Sie muss sich, statt sich sicher im eigenen Milieu zu bewegen, der Erfahrung von Fremdheit aussetzen, die das Kennzeichen alles Missionarischen ist. Sie muss lernen zuzuhören, ohne abzuwerten, ohne aber die eigenen Grundsätze zu verraten. Fremdenfreundlich kann nur sein, dessen Ich zugleich stark ist.« Was Matthias Drobinski im November 2011 an die Adresse der EKD-Synode geschrieben hat, gilt auch für uns als katholische Kirche heute.

Die notwendigen Veränderungen bedeuten daher für alle Beteiligten einen tief greifenden Kulturwandel, um nicht von einer »Kulturrevolution« zu sprechen. Die meisten Gläubigen mit Kirchenbindung sind noch geprägt von der Vorstellung, dass Kirche dort ist, wo der Pfarrer ist. Deshalb verstehen sie etwa den Wortgottesdienst, den Diakone, Pastoralreferentinnen und Referenten oder Laien mit entsprechender Befähigung halten, einfach immer als eine mindere Form und von minderer Qualität. Die Priester müssen lernen, in Teamstrukturen zu arbeiten, entsprechend zu führen und gleichzeitig andere Kräfte zu fördern. Sie sind darauf nie vorbereitet worden und werden es anscheinend auch in der gegenwärtigen Ausbildung – wenn überhaupt – nur sehr begrenzt.

Jetzt drängt die Entwicklung aufgrund der Altersstruktur der Priesterschaft und der geringen Zahl von Neupriestern zu Entscheidungen. Das war zwar seit vielen Jahren absehbar, wurde aber weitgehend verdrängt. Nun muss unter Druck und ohne Zeit für entsprechende kulturelle Veränderungen und notwendige Wachstumsprozesse gehandelt werden. Auch das ist eine der großen Risiken für die weitere Entwicklung der katholischen Kirche in Deutschland.

Der Ort der Kirche in der Welt

Politisches Engagement – eine wichtige, aber oft schwierige Aufgabe für Christen

Warum sollen sich Christen politisch engagieren?

Politisches Engagement gehört untrennbar zum Weltauftrag der Kirche und ist für sie kein Wahl-, sondern Pflichtfach. Es ist nichts, was Christen tun, aber auch lassen könnten. Dabei möchte ich Politik umfassend verstanden wissen als Einsatz für ein menschenwürdiges Leben, für gerechte Strukturen. Es geht um die ganze Bandbreite bürgerschaftlichen Engagements, wovon die Politik im engeren Sinn ein Teilbereich mit einer wiederum großen Vielfalt von Akteuren ist: gesellschaftliche Verbände, Parteien, Mandatsträger in Kommunen und Ländern, im Bund und auf der europäischen Ebene.

Eine Grundlage des politischen Engagements sind für uns Christen die Werke der Barmherzigkeit. Die Bedeutung karitativer Fürsorge stellt sicher auch niemand wirklich infrage. Was das christliche Engagement in der Sozialpolitik betrifft, sieht die Sache schon anders aus, denn das hat zur Konsequenz, sich in ganz anderer Intensität auf die Welt der Politik und ihre Spielregeln einzulassen. Aber nur so können wir als Christen Anwälte der Menschen sein.

Die Einleitung der Pastoralkonstitution *Gaudium et Spes* des Zweiten Vatikanischen Konzils erklärt das in einer für mich immer wieder beeindruckenden Klarheit der Gedanken und fast poetischer Sprache – und obendrein eben mit der lehramtlichen Autorität eines Konzils: »Freude und Hoffnung, Trauer und

Angst der Menschen dieser Zeit, besonders der Armen und Bedrängten aller Art, sind auch Freude und Hoffnung, Trauer und Angst der Jünger Christi. Und es findet sich nichts wahrhaft Menschliches, das nicht in ihren Herzen widerhallte.«

Ist die Kirche als Gemeinschaft und als Institution eine in sich geschlossene eigene Welt, gar eine Gegenwelt?

Die Kirche ist nach biblischem Verständnis »nicht von der Welt, aber in der Welt«. Auf dieses Selbstverständnis gründet sich die andauernde große Wirkkraft des christlichen Glaubens samt seiner Vermittlung durch die katholische Kirche in unterschiedlichen Zeiten und Kulturen. In diesem Sinn muss die Kirche sich immer wieder neu »inkulturieren«. Konkret bedeutete dies in der Vergangenheit etwa, in unserem Land wie auch in ganz Europa den Wandel von der Agrargesellschaft zur Industriegesellschaft zu begleiten. Heute geht es um die Transformation der Industriegesellschaft und des Nationalstaats ins Zeitalter der digitalen Information und der Internationalisierung. Daraus ergeben sich Anforderungen an die Kirche, die sie nur bewältigen kann, wenn sie selbst in ihrer Sprache und ihren Beziehungen zu den Menschen nicht starr den Denk-, Sprach- und Beziehungskategorien der Vergangenheit verhaftet bleibt.

Der Ort der Kirche »in der Welt« war und ist umstritten. Die einen beklagen eine oberflächliche Anpassung an die »Welt«, andere beklagen eine weltfremde Abkapselung von den Lebenssituationen der Menschen. Exemplarisch dafür sind die jüngsten Klagen über eine »Verweltlichung« und dem entgegengesetzten Ruf nach einer »Entweltlichung« der Kirche.

Die Debatte über die Rolle der Kirche »in der Welt« hat es in Deutschland trotz der langen Tradition der kirchlichen Verbände immer wieder aufs Neue gegeben. Das zeigte sich besonders bei den Katholikentagen. 1968 in Essen formulierte der damalige Geistliche Assistent des ZdK und Bischof von Aachen, Klaus Hemmerle, in die unruhige Situation von Kirche und Welt hinein: »Die Kirche hat es nicht ins Belieben der Welt zu stellen, ob und wo sie in dieser Welt ist; sie ist in die Welt gesandt ... Diese Welt ist unsere Welt. Wenn die Welt der Kirche nicht zustößt, wenn die Welt ihre Wirklichkeit der Kirche nicht beibringt und in sie hineinbringt, wie soll sie dann Kirche in der Nachfolge Jesu sein? Wie soll sie dann Kirche für die Welt sein? Die Kirche ist mitten in dieser Welt, oder sie ist Jesu Christi Kirche nicht.«

War dies damals eine einsame Sicht Hemmerles oder ein allgemein verbreiteter Standpunkt?

Natürlich gab es darüber Kontroversen. Die Debatte wurde besonders stark geprägt vom damaligen Vorsitzenden der Deutschen Bischofskonferenz, Joseph Kardinal Höffner, der ein allgemein hoch anerkannter Experte für gesellschaftspolitische und sozialpolitische Fragen war. Er formulierte in seiner »Christlichen Gesellschaftslehre«: »Kirche und Welt durchdringen einander. Die Kirche führt nicht nur – an der Peripherie stehend – einen Dialog mit der Welt, sondern ist heilshaft als ›Sauerteig‹ (Mt 13,33), als ›Salz der Erde‹ (Mt 5,13), als ›Samenkorn‹ (Mt 13,24), als ›Licht der Welt‹ (Mt 5,14) in der Mitte der Welt gegenwärtig.«

Dieser Position stimmen wahrscheinlich die meisten Bischöfe und Amtsträger zu. Sie ist mit Hinweis auf die Bibel auch kaum zu bestreiten. Aber ist demgegenüber in der Wirklichkeit der Kirche und ihrer leitenden Gremien nicht ein Rückzug in die Innerlichkeit samt einer wachsenden Distanz, eines Fremdelns mit dem gesellschaftlichen und politischen Engagement von Katholiken zu spüren?

Es ist nicht zu leugnen, dass das Gesellschaftliche und Politische in unserer Kirche seit Langem nicht mehr den Stellenwert, die Unterstützung und Anerkennung hat, wie das in den Jahrzehnten des Wiederaufbaus nach dem Krieg der Fall war. Es ist eben leider Realität, dass wenige Jahre nach dem Aufbruch des Konzils der Geist von *Gaudium et Spes* erlahmte, der Rückzug in den kirchlichen Binnenraum immer mehr die Entwicklung bestimmte. Das war mit vielen inneren Widersprüchen verbunden. So war Papst Johannes Paul II. in hohem Maß ein »politischer Papst« mit großer Sensibilität für Fragen der Gerechtigkeit, insbesondere in der Auseinandersetzung mit dem Kommunismus. Er ist eine Schlüsselgestalt für die historischen Umwälzungen beim Zusammenbruch desselben. Gleichzeitig wurden in seinem Pontifikat vor allem solche geistlichen Gemeinschaften gefördert und mit wachsendem Einfluss auch in Schlüsselstellen der Kirche etabliert, die ihre Aufgabe nicht im Weltauftrag der Christen sehen, sondern in den innerkirchlichen Bezügen und in einem Glaubensverständnis, das dem Weltauftrag wenig Raum gibt.

Hier setzt Papst Franziskus nun völlig andere Schwerpunkte.

Das ist in *Evangelii Gaudium* in eindringlichster Weise dokumentiert, vor allem im Hinblick auf das politische Engagement. In Ziffer 205 lesen wir: »Ich bitte Gott, dass die Zahl der Politiker zunimmt, die fähig sind, in einen echten Dialog einzusteigen, der sich wirksam darauf ausrichtet, die tiefen Wurzeln und nicht den äußeren Anschein der Übel unserer Welt zu heilen! Die so in Misskredit gebrachte Politik ist eine sehr hohe Berufung, ist eine der wertvollsten Formen der Nächstenliebe, weil sie das Gemeinwohl anstrebt. Wir müssen uns davon überzeugen, dass die Liebe ›das Prinzip nicht nur der Mikro-Beziehungen in Freundschaft, Familie und kleinen Gruppen ist, sondern auch der Makro-Beziehungen in gesellschaftlichen, wirtschaftlichen und politischen Zusammenhängen‹. Ich bete zum Herrn, dass er uns mehr Politiker schenke, denen die Gesellschaft, das Volk, das Leben der Armen wirklich am Herzen liegen.«

Als Christen haben wir die Aufgabe einer wachen und kritischen Zeitgenossenschaft mit Blick auf die momentanen Situationen und Entwicklungen. Das bedeutet auch, gegen herrschende gesellschaftliche und politische Meinungen Position zu beziehen und Widerstände auszuhalten. Das ist immer wieder unbequem.

Wenn sich Katholikinnen und Katholiken politisch engagieren, leben und arbeiten sie in Spannungsfeldern, die auch Kompromisse notwendig machen. Dafür ernten sie innerkirchlich immer wieder Kritik und bekommen die Frage gestellt, was sie als Politikerinnen und Politiker zu einem Handeln im Sinn der Kirche legitimiere. Kardinal Meisner hat in diesem Zusammenhang den Unions-Parteien vor Jahren bekanntlich das christliche »C« abgesprochen.

Für das gesellschaftliche und politische Engagement ist es wichtig, zwischen einem Handeln im Namen der Kirche und dem Handeln in eigener Weltverantwortung zu unterscheiden. Im Namen der Kirche sprechen und handeln die Vertreter des Lehramtes, die Repräsentanten der »Amtskirche«. Wenn Laienchristen im Verbund mit ihren Bischöfen tätig werden, haben sie teil am Handeln im Namen der Kirche.

Der Weltauftrag der Christen geht jedoch weit darüber hinaus und darf eben nicht auf ein Handeln im Namen der Kirche verkürzt werden. Dies müssen sowohl Laien als auch Amtsträger berücksichtigen. Wenn Laienchristen in ihrer eigenen Weltverantwortung in Staat und Gesellschaft handeln, geschieht dies nicht im Namen der Kirche. Als Gläubige handeln sie gleichwohl im Geist des Evangeliums: »Wo zwei oder drei in meinem Namen versammelt sind, bin ich mitten unter ihnen.« Damit verbunden ist natürlich die Forderung einer sorgfältigen Gewissensentscheidung. Aber ihre Verantwortung kann ihnen niemand abnehmen, und sie dürfen sie sich auch nicht abnehmen lassen.

Ich meine, es ist wichtig, dass Bischöfe wie Laien diese Unterscheidung – im Namen der Kirche als Amtsträger oder in eigener Verantwortung im Geist des Evangeliums und im Selbstverständnis eines gläubigen Katholiken – immer wieder kritisch und selbstkritisch reflektieren. Ich denke da an Amtsträger, die mit der Autorität ihres Amtes gelegentlich detailliert zu Fachfragen Stellung nehmen, in denen Christen sehr wohl unterschiedlicher Meinung sein können und sind. Ich denke aber auch an Laien, die katholische Positionen so vertreten, als wäre ihre Sicht für Katholiken die einzig mögliche.

Die Kunst der Unterscheidung – Entscheidungen treffen als Christ und als Bürger

Nun gibt es in gesellschaftspolitischen und rechtspolitischen Fragen immer wieder Unterschiede zwischen kirchlichen Positionen und staatlichen Regelungen. In welcher Rolle ist der Christ im Staatsdienst, wenn er Gesetze zu vollziehen hat, die den Positionen seiner Kirche und womöglich auch seinen persönlichen Überzeugungen nicht entsprechen? Sollte er dann wenigstens versuchen, im Vollzug möglichst viel vom Eigenen einfließen zu lassen? Geriete er dann aber nicht gleichzeitig in den Verdacht der Illoyalität gegenüber dem weltanschaulich neutralen Staat?

Die Spannung hat auf eindrucksvolle und wie ich finde gültige Weise der langjährige Bundesverfassungsrichter Ernst-Wolfgang Böckenförde in dem Buch »Salz der Erde. Christliche Spiritualität in der Welt von heute« beschrieben, das er 1999 zusammen mit Annette Schavan herausgegeben hat: »Ausgangspunkt in der Ausübung des Richteramtes war für mich, dass es Inhalt christlicher Spiritualität sei und sein müsse, ein solches Amt so wahrzunehmen, wie es in der Verfassung vorgesehen ist, als Amt in einem demokratischen und religiös-weltanschaulich neutralen Staat. Das erschien mir als Teil und Forderung gerade christlichen Weltverhaltens: Man hat sich in diesem Amt, in seine Aufgabe wie in seine Bindungen voll hineinzustellen.« Weiter meint er: »Das bedeutet zugleich, dass es kein Aktionsfeld ist, um als Agent für die katholische Sache, als Anwalt für die Verwirklichung eines christlichen Naturrechts oder als Vertreter kirchlicher Belange aufzutreten. Gerade dies würde den Sinn und die Funktion des Amtes, wie die Verfassung es vorsieht, verkehren: Das Amt erfordert vielmehr strikte Unabhängigkeit, auch gegenüber eigenen politisch und religiös motivierten Auffassungen und Prioritäten. Maßgeblich ist die Bindung allein an die Verfassung als die für das politische Gemeinwesen geschaffene und geltende Ordnung.«

Gilt diese Position dann auch für politisch engagierte Christen?

Die ehrliche Beachtung der Verfassung und der Gesetze ist Christenpflicht. Wo immer aber Gestaltungsspielräume gegeben sind, ist es ebenso legitim, sie aus eigenen Überzeugungen und Wertmaßstäben heraus zu nutzen. Dabei kommt es vor allem darauf an, mit Argumenten zu werben und andere dafür zu gewinnen.

Der Fall *Donum Vitae*

Das Zweite Vatikanische Konzil formuliert in der Dogmatischen Konstitution Lumen Gentium: »Das Apostolat der Laien ist Teilnahme an der Heilssendung der Kirche selbst. Zu diesem Apostolat werden alle vom Herrn

selbst durch Taufe und Firmung bestellt.« So werden sie »des priesterlichen,
prophetischen und königlichen Amtes Christi auf ihre Weise teilhaftig«.
Zum großen Konfliktfall für die katholische Kirche in Deutschland wurde
das selbstständige Handeln der Laien bei der Gründung von Donum Vitae
zur Schwangerenberatung nach dem deutschen Schwangerschaftskonflikt-
gesetz mit Ausstellung des umstrittenen »Beratungsscheins«. Die Bischöfe
hatten diese Form der Beratung ursprünglich selbst getragen und bejaht,
um die Möglichkeiten der deutschen Gesetzgebung auszuschöpfen. Später
hingegen fassten sie einen Beschluss, wonach Donum Vitae *»außerhalb*
der Kirche« stehe. Deshalb könnten diejenigen, die Donum Vitae *im ehren-*
amtlichen Engagement tragen und unterstützen, nicht in kirchliche Lei-
tungsfunktionen gewählt werden, also etwa in den Vorsitz von Pfarrgemein-
deräten, Diözesanräten und anderen Gremien. Ist damit die behauptete
Eigenverantwortung der Laien nicht faktisch hinfällig?

Die Deutsche Bischofskonferenz hat in einer Pressemitteilung
vom 26. September 1997 formuliert: »Wir sind uns nach wie
vor einig, dass wir alles in unseren Kräften Mögliche tun müssen, um die Tötung von ungeborenen Kindern zu verhindern.
In vielen Erklärungen und Äußerungen und in zahlreichen
Materialien, nicht zuletzt auch in dem Heft ›Mensch von Anfang an‹ haben wir die Position der Kirche deutlich gemacht
und die Tötung eines ungeborenen Kindes auch in einem
Konfliktfall als nicht zu rechtfertigen immer wieder angepran-
gert. Wir haben derzeit eine gesetzliche Regelung, die uns
nicht zufriedenstellt, die uns aber für unsere Entscheidungen
vorgegeben ist.

Wenn sich die Bischöfe trotz mancher Bedenken fast ein-
mütig dennoch dazu entschlossen haben, die katholischen Beratungsstellen im staatlichen Beratungsverfahren zu belassen,
dann kann daraus in keiner Weise der Schluss gezogen werden, als beruhe diese Entscheidung auf einer unklaren Haltung

zur Abtreibung. Maßgeblich für diese Entscheidung war allein die Überlegung, wie man angesichts der unbefriedigenden rechtlichen Lage am ehesten Frauen erreicht, die sich mit dem Gedanken tragen, ihr Kind abzutreiben. Es darf der Begriff Konfliktberatung nicht verwischt werden: Es geht nicht nur um Frauen, die ihr Kind grundsätzlich behalten wollen, aber wegen einzelner Sachkonflikte ratlos sind (Partnerbeziehung, Ausbildung, Wohnung, finanzielle Fragen usw.), sondern um abtreibungswillige Frauen, mit denen um Leben oder Tod des Kindes gerungen werden muss. Nur im Kontakt mit diesen Frauen kann es gelingen, ihnen Wege aufzuzeigen und Hilfen anzubieten, dass sie Ja sagen können zu ihrem Kind. Unsere Beratungsstellen leisten einen ganz wichtigen Dienst; manches Kind wäre nicht geboren worden ohne diesen Einsatz von Beraterinnen und Beratern in katholischen Beratungsstellen.«

In der Tat ist es so, dass wir mit *Donum Vitae* genau das tun und nichts anderes wollen als das, was die deutschen Bischöfe bis auf eine Ausnahme, nämlich Erzbischof Johannes Dyba aus Fulda, selbst vertreten hatten. Natürlich mussten sie, nachdem der Papst ihnen Gehorsam abverlangt hatte, entsprechend handeln und den Ausstieg aus der gesetzlichen Schwangerenkonfliktberatung vollziehen. Die Sorge Johannes Pauls II. war, dass die kirchliche Trägerschaft von Beratungsstellen, die den »Schein« ausstellen, das Zeugnis der Kirche für den Schutz des Lebens verdunkeln könnte. Andererseits hat das entsprechende Schreiben des Papstes nirgendwo die deutsche Gesetzgebung als solche kritisiert.

Warum kam es dann zu diesem Konflikt in der katholischen Kirche in Deutschland mit dem Beschluss der Bischofskonferenz vom 20. Juni 2006, in dem es heißt: »Bei dem privaten Verein Donum Vitae *handelt es sich um eine Vereinigung außerhalb der Katholischen Kirche.« Die Zusammenarbeit zwischen der kirchlichen Beratung (Deutscher Caritasverband, Sozialdienst katholischer Frauen) wurde untersagt. Personen, die im kirchlichen Dienst stehen, ist eine Mitwirkung bei Donum Vitae untersagt. Auch der Austausch von Personal (Wechsel von Dienstverhältnissen, Rückkehroptionen) ist nicht gestattet.*

Die zitierte Erklärung ist das Ergebnis erheblicher Konflikte unter den Bischöfen und der Versuch, den ausgebrochenen Streit zu beenden und den innerkirchlichen Frieden wieder herzustellen. Das Wort »außerhalb der Kirche« war und ist dabei eine besonders fatale »Kompromissformel«, weil die einen sie richtigerweise auf die selbstständigen Rechte eines bürgerlichen Vereins beziehen, die anderen sie aber als geistig-geistliche Ausgrenzung aus der Kirche als Glaubens- und Überzeugungsgemeinschaft verstehen. Beim Katholikentag in Regensburg 2014 war *Donum Vitae* und anderen Gruppierungen des Lebensschutzes eine gemeinsame Veranstaltung gewidmet, im Sinne des Katholikentagsmottos: »Mit Christus Brücken bauen«. Im Ergebnis kann man festhalten, dass das Eintreten für den Lebensschutz und die Ablehnung der Abtreibung die allen gemeinsame Basis ist. Bischof Rudolf Voderholzer hat zu dieser Veranstaltung nach dem Katholikentag festgestellt, dass es neunzig Prozent Übereinstimmung gebe zwischen diesen Vereinigungen und der Kirche und man mit den restlichen zehn Prozent auch zurechtkommen müsse. Die Meinungsverschiedenheit bezog sich von Anfang an nicht auf die Grundsätze zum Lebensschutz und zur Abtreibung, sondern darauf, ob *Donum Vitae* als Verein des bürgerlichen Rechts die besonderen Möglichkeiten der deutschen Gesetzgebung für eine Schwangerenkonfliktberatung in christlichem Geist nutzen soll – eine Beratung, die ergebnisoffen ist, aber dem Schutz des Lebens verpflichtet.

Ich hoffe sehr, dass wir mit der Deutschen Bischofskonferenz bald eine Regelung treffen können, die eine faktische Aussperrung aus kirchlichen Leitungsaufgaben von Ehrenamtlichen, die bei *Donum Vitae* engagiert sind, beendet, und dass diejenigen, die bei *Donum Vitae* hauptberuflich tätig sind, bei einem Stellenwechsel auch in den kirchlichen Dienst eintreten können.

Gesucht: eine »Ethik des Kompromisses«

Die Kritik von Bischöfen und anderen an Positionen und Entscheidungen von Christen in der Politik wird immer dann vehement, wenn diese Kompromisse beschließen müssen.

Ja, das ist in der Regel der kritische Punkt. Wir brauchen in unserer Kirche die Entwicklung einer »Ethik des Kompromisses«. Friedliches Zusammenleben und Demokratie sind ohne die grundsätzliche Bereitschaft zum Kompromiss nicht möglich. Die Alternative, ein theokratischer Absolutheitsanspruch, ist mit all ihren Konsequenzen dort zu beobachten, wo die Religion Basis eines »Gottesstaats« ist. Dafür lassen sich schlimme Beispiele aus der Geschichte des Christentums anführen, zeigt sich aber auch aktuell im Auftreten eines radikalisierten, fanatischen Islams.

Selbstverständlich ist für den Kompromiss die sorgfältige Abwägung notwendig, ob das Ergebnis einer Meinungsbildung und Mehrheitsbeschlüsse nach christlichen Maßstäben vertretbar sind. Dazu ist aber zunächst und vor allem festzuhalten, dass ein prinzipielles Nein in der Politik relativ selten ist. Exemplarisch dafür sind sicher viele Themen und notwendige Entscheidungen in den Aufgabenfeldern des Lebensschutzes, von der Stammzellforschung bis hin zu Regelungen im

Umgang mit Sterbenden. Dazu ist aber auch festzustellen, dass nirgendwo in Europa und wahrscheinlich nirgendwo auf der ganzen Welt Fragen des Lebensschutzes im nationalen Parlament so sorgfältig, intensiv und ernsthaft erörtert werden wie im Deutschen Bundestag. Die gegenwärtigen Diskussionen zur Sterbebegleitung und zur organisierten Unterstützung des Suizids sind ein aktueller Beleg dafür. Das gilt es zu würdigen, auch wenn das Ergebnis solcher Debatten aus der Sicht eines Christen nicht immer befriedigend sein mag.

Es wird Gegner einer umstrittenen Entscheidung kaum überzeugen, wenn Sie ihnen mit der Qualität der vorausgegangenen Debatte kommen.

Ich entgegne, dass das ernsthafte Ringen um die vertretbarste Lösung ein wesentliches Merkmal politischen Handelns im Geist christlicher Ethik ist. In der Politik geht es meistens um Güterabwägungen in Sachentscheidungen nach den Maßstäben von Zweckmäßigkeit oder Vertretbarkeit. Bei solchen Abwägungen gibt es auch für Christen in aller Regel nicht nur die eine und ganz selten eine einfache Lösung. Die Ernsthaftigkeit der Auseinandersetzung mit den Themen und der gewissenhaften Prüfung der jeweils bestmöglichen Entscheidung kann, ja muss also sehr wohl ein Qualitätsmaßstab sein. Die Abwägung aus sachlichen Gründen und um der Handlungsfähigkeit der Politik willen führt zu Kompromissen, die – ethisch betrachtet – auch anders hätten ausfallen können.

Im Gegensatz zu den am heftigsten debattierten »Gewissensfragen«?

In bestimmten Situationen und für bestimmte Entscheidungen gibt es keine Lösungen ohne Dilemma und innere Widersprüche. Ich will ein Beispiel aus dem uns besonders wichtigen Aufgabenfeld des Lebensschutzes nennen. Als 2002 die erste Entscheidung zur sogenannten Stichtagsregelung für die Nutzung importierter embryonaler Stammzellen für Forschungszwecke anstand, leitete ich eine Arbeitsgruppe der CSU. Wir sollten die Meinungsbildung der Partei vorbereiten und sahen uns mit einer zunehmend aufgeregten öffentlichen Debatte konfrontiert. Bei den einen schwang die große Hoffnungen auf Heilungserfolge durch die Ergebnisse der Stammzellforschung mit, bei anderen der natürliche Forscherdrang und schließlich spielten auch wirtschaftliche Fragen eine erhebliche Rolle.

Die Stichtagsgrenze sollte sicherstellen, dass nur solche embryonale Stammzellen importiert und genutzt werden dürften, die zu diesem Zeitpunkt bereits in anderen Ländern gelagert waren und somit keine weiteren Embryonen mit dem Ziel gezeugt werden müssten, Stammzellen aus ihnen zu gewinnen. Nach eingehenden Beratungen habe ich diesen Weg befürwortet. Wir diskutierten darüber mit jeweils einem Bischof der katholischen und der evangelischen Kirche. Beide lehnten die Stichtagsregelung ab. Ich fragte sie, ob denn in Deutschland künftig einmal Therapien eingesetzt werden dürften, die wir den Ergebnissen einer Forschung mit embryonalen Stammzellen im Ausland verdanken, wenn kranke Menschen tatsächlich geheilt oder zumindest ihre Beschwerden gelindert werden könnten. Die Antwort war: Ja. Man könne eine solche Hilfe dann nicht verweigern. Als analogen Fall aus der Vergangenheit zogen die Bischöfe die Erkenntnisse aus den schrecklichen Menschenversuchen der Nationalsozialisten heran, die in der Medizin Allgemeingut geworden seien.

Für mich war in diesem Moment klar: Es gibt eben keine dilemmafreie, keine ethisch einwandfreie Lösung. Ich habe mich schließlich mit vielen anderen Kollegen aus meiner Partei für die Stichtagsregelung ausgesprochen und mich damit in Widerspruch zur kirchlich-lehramtlichen Position begeben.

2008 ging es um die zweite Stichtagsregelung, also einen neuen und späteren Stichtag mit der im Grundsatz gleichen Maßgabe, dass aufgrund der Entscheidung in Deutschland nicht neue Stammzellen gewonnen werden. Nun sprach ich mich gegen diese Regelung aus, weil ich fürchtete, dass es damit zu einer ständigen Anpassung kommen und die Stichtagsregelung insgesamt entwertet werden könnte. Die damalige Forschungsministerin, Annette Schavan, votierte aus der Verantwortung ihres Amtes heraus anders. Sie verwies zudem darauf, dass gerade Wissenschaftler, die den ethisch einwandfreien Weg der Forschung mit adulten Stammzellen zum Erfolg führen wollten, dafür zunächst noch die importierten Stammzellen bräuchten. Dies war in der Abwägung eine ethisch ebenso reflektierte wie sachgerechte Position. Ich teilte sie nicht, aber ich respektierte sie.

Aus dem kirchlichen Raum aber erfuhr Annette Schavan unsägliche Formen der Kritik bis hin zur persönlichen Diffamierung. Ihr wurde geradezu das Christsein abgesprochen. Eine solche Art der Auseinandersetzung ist nicht nur über die Maßen selbstgerecht. Sie wirkt auch abschreckend auf Katholiken, sich in die Politik begeben, wo sie immer wieder Entscheidungen in schwierigen Grenzsituationen fällen müssen.

Wie viel Religion brauchen – oder vertragen – Gesellschaft und Staat?

Die Trennung von Staat und Religion – was bedeutet das für Gläubige?

Papst Benedikt der XVI. hat in seiner bereits erwähnten »Entweltlichungs-rede« 2011 in Freiburg darauf abgehoben, welch heilsame Wirkung mit der Säkularisation, also mit dem erzwungenen Verlust der Kirche auf weltliche und wirtschaftliche Macht, für die weitere Entwicklung der Kirche in ihrem geistlichen Leben und ihrer geistlichen Ausstrahlung verbunden gewesen sei. Nach einer massiven Krise habe die Kirche neue innere Kraft, Glaubwürdigkeit und damit Ausstrahlung gewonnen. War die Säkularisation, aus heutiger Sicht betrachtet, der Anfang jener gedeihlichen Entwicklung zu der für Deutschland typischen Trennung von Religion und Staat bei gleichzeitiger enger Kooperation in verschiedenen gesellschaftlichen Belangen?

Für die Menschen und das Staatswesen ist es ein entscheidender Fortschritt, dass die Regeln der Religion heute nicht mehr über den Regeln des Staates stehen und nicht einmal mit ihnen gleichgesetzt werden. Die Religionsfreiheit, die staatliche Garantie freier Religionsausübung, wurde zu einem wesentlichen Merkmal für die Qualität eines Staatswesens und der von ihm gewährleisteten Freiheiten. Gleichzeitig eröffnete sie Freiräume für die Religion, ihr Selbstverständnis authentischer zu entfalten und ihre ureigenen Aufgaben besser wahrzunehmen. Die Religionsfreiheit ist mittlerweile zu einem Schlüsselthema der internationalen Politik geworden, aber auch zu einem großen Konfliktthema.

Was bedeutet die Trennung von Religion und Staat für das Engagement von Christen in der Politik? Und was bedeuten Religionsfreiheit und Trennung von Religion und Staat mit Blick auf andere Religionsgemeinschaften in Deutschland?

Für Christen, Muslime, Mitglieder anderer Religionsgemeinschaften und Atheisten gilt:

1. Der Staat garantiert mit den Gesetzen und dem Gewaltmonopol des Staates für alle die freie Religionsausübung oder Weltanschauung.

2. Für das Zusammenleben im Gemeinwesen gelten die Gesetze des Rechtsstaats. Diese stehen für das Zusammenleben über den religiösen Gesetzen. Das ist ein zentrales Thema im Selbstverständnis des Islams und für das Leben der Muslime in Deutschland. Dies gilt aber nicht nur für die Muslime und das Rechtssystem der Scharia, sondern für alle. Die staatlichen Gesetze stehen über den persönlichen Überzeugungen, auch über den religiösen Regelungen. Maßgebliche Orientierung für alle ist das Grundgesetz mit seinen darin verankerten Grundwerten. Sie sind der – auch einklagbare – Maßstab für die Gesetzgebung und den Gesetzesvollzug. In diesem Sinn sind wir als Gemeinwesen und Staatsgefüge eine Wertegemeinschaft. In unserem Grundgesetz sind bestimmte Werte aus der Prägung durch die christliche Tradition und nicht zuletzt aufgrund der bitteren Erfahrungen mit dem gottlosen Nationalsozialismus allen Mehrheitsbeschlüssen entzogen und damit unabänderlich verankert. Sie werden gleichsam überwölbt von der Präambel (»In Verantwortung vor Gott und den Menschen gibt sich das deutsche Volk ...«) und dem Prinzip der unantastbaren Würde des Menschen in Artikel 1.

Als staatliche Gemeinschaft sind wir aber eben keine religiöse Gesinnungsgemeinschaft. Das heißt konkret, dass ich als katholischer Christ im Hinblick auf staatliche Gesetzgebung durchaus in einer inneren Spannung zwischen meiner persönlichen Überzeugung und dem Ergebnis von Konsensfindung und Mehrheitsentscheid im demokratischen Rechtsstaat leben muss. Achtung vor den Gesetzen muss von allen Gläubigen verlangt werden. Doch ebenso müssen abweichende moralische Normen und religiöse Vorgaben für die persönliche Lebensführung geachtet und geschützt sein.

Das sind die Spannungen und die notwendigen Unterscheidungen zwischen Religion und Politik, zwischen Kirche und Staat, zwischen geistlich und weltlich, zwischen Moral und Recht, zwischen Gesinnung und Handeln. Das eine vom anderen zu trennen, gehört auch zum Fundament der europäischen Wertegemeinschaft und markiert den Unterschied zu allen fundamentalistischen Haltungen.

Bedeutet dies alles nicht doch den Rückzug der Religion ins Private? Das ist es doch, was Religions- und Kirchenkritiker einerseits von den Religionsgemeinschaften verlangen, ihnen andererseits aber auch zugestehen: »Eure Religion ist Privatsache. Mischt euch deshalb nicht in öffentliche Angelegenheiten ein! Und verlangt nicht vom Staat möglichst günstige Bedingungen oder gar Unterstützung für eure Gemeinschaft und eure religiöse Praxis. Das ist nicht seine Aufgabe.«

Die Trennung von Religion und Staat meint nicht, dass sich Religion aus dem öffentlichen Raum zurückzieht oder dass sie für den Staat, die Gesellschaft und deren Entwicklung bedeutungslos ist. Die Begründung für die notwendige Rolle und Stellung der Religionen in der jeweiligen Gesellschaft ist die Bringschuld der Religionen selbst und ihrer Angehörigen.

Fundamentalismus: die große Gefahr unserer Zeit

Die Rolle der Religion in unserer Zeit ist ein zumindest sehr zwiespältiges Kapitel. Und in Europa verliert sie offenbar immer mehr an Bedeutung. Weltweit dagegen erleben wir eher das Gegenteil: Schon in Nordamerika ist die Situation ganz anders als bei uns. Und angesichts der radikalen, fundamentalistischen Entwicklungen in der Welt gibt Religion heute vielen Menschen weniger Anlass zur Hoffnung als zur Sorge und zur Angst vor der Neuauflage eines Zeitalters der Religionskriege mit einem fundamentalistischen Rückfall hinter die Aufklärung.

»Fundamentalismus« ist ein schillernder Begriff. Eine feste religiöse Überzeugung etwa möchte ich nicht gleich ohne Weiteres als Fundamentalismus abstempeln, auch wenn sie oft mit einem Mangel an Gesprächsbereitschaft einhergeht.

Was sind dann für Sie Merkmale des Fundamentalismus? Und sehen Sie diese gegenwärtig auch in der katholischen Kirche?

Solche Strömungen gibt es auch dort. Sie haben meistens sektenhaften Charakter. Deren Merkmal wiederum ist, dass die Mitglieder nicht in die »Freiheit der Kinder Gottes« gebracht werden, sondern in die Abhängigkeit von religiösen Führern und von der Gemeinschaft. Das gibt manchen Menschen Orientierung und Sicherheit, führt sie aber auch in die Unfreiheit.

Was bedeutet Fundamentalismus gesellschaftlich und politisch?

Fundamentalismus religiöser oder auch politischer Art bedeutet vor allem, anderen die eigenen Überzeugungen aufzuzwingen und Abweichungen davon nicht zu respektieren. Ein anderer Aspekt ist, dass die unerschütterliche, ja fanatische Sicherheit über den Besitz der Wahrheit nicht selten zu der Überzeugung führt, um dieser Wahrheit willen heilige der Zweck alle Mittel. Dies ist leider auch immer wieder eine bittere innerkirchliche Realität.

Die Alternative zum Fundamentalismus ist nun nicht etwa Beliebigkeit, sondern Respekt vor anderen Überzeugungen. Dieser individuellen Haltung entspricht auf gesellschaftlicher Ebene die Trennung von Religion und Staat. Der Weg dorthin war lang, schmerzhaft, mit vielen Irrungen und Wirrungen verbunden. Dies sollten wir mit Blick auf andere Kulturen und Religionen bedenken. Das ändert zwar nichts an der Notwendigkeit des Anspruchs auf eine Trennung von Kirche und Staat, kann uns aber vor falscher Selbstgerechtigkeit, Überheblichkeit und gefährlichen Fehleinschätzungen schützen.

Wie sollen Gesellschaft, Politik und Kirchen auf den radikalisierten Islam reagieren? Viele Menschen sehen in ihm spätestens nach dem Anschlag von Paris im Januar 2015 nicht nur Gefahren für andere Regionen in der Welt, sondern auch für unser Land.

Das ist verständlich. Auch hier gilt: Wachsamkeit ist der Preis der Freiheit. Für den Islam und für die Gemeinschaft der Muslime ist es eine historische Herausforderung, dass fanatische Gruppen wie die Salafisten oder der IS (Islamischer Staat) sich für brutalste Gewalt auf den Koran berufen. Immer mehr religiöse Autoritäten des Islams verurteilen diese. Das ist sehr wichtig, aber es löst noch nicht das Problem, dass Aussagen im Koran herangezogen werden, um Gewaltanwendung zu legitimieren. Solche Grundsatzfragen muss die Gemeinschaft der Muslime in ihren Reihen klären. Das kann niemand tun, der außerhalb dieser Gemeinschaft steht. Die weltweit anerkannten geistlichen Führer des Islams müssen hier noch eindeutiger Position beziehen. Ein solcher Prozess ist von weltweiter Bedeutung.

Was bedeutet das – noch einmal gefragt – für die Situation des Islams und der Muslime in Deutschland?

Alle Erfahrungen des Alltags sowie alle Untersuchungen und Umfragen belegen, dass die überwältigende Mehrheit der Muslime in Deutschland unser Grundgesetz als Maßstab für das Zusammenleben respektiert und die von Christentum und Humanismus geprägten gesellschaftlichen Bedingungen nicht nur irgendwie hinnimmt, sondern positiv aufnimmt. Gleichzeitig gibt es natürlich die Realität von Parallelgesellschaften, von Abschottung. Wir dürfen die Situation weder falsch idealisieren noch falsch dramatisieren. Unsere Aufgabe in dieser schwierigen Phase ist es vielmehr, alles für die Unterscheidung der Geister, also der unterschiedlichen Strömungen im Islam zu tun und entschieden gegen die verallgemeinernde Gleichsetzung von Muslimen mit Gewalt einzuschreiten. Die übergroße Zahl der Muslime in Deutschland, die zu den Werten unseres Grundgesetzes stehen, darf nicht mit der vergleichsweise kleinen, aber eben auch gefährlichen Gruppe der Radikalen gleichgesetzt werden.

Nun hatten Sie die Existenz fundamentalistischer Strömungen auch in den Kirchen bejaht. Findet in den Religionen nach Ihrer Einschätzung insgesamt eine Radikalisierung statt?

Leider ist es so, dass das Zusammenspiel von Religion und Gewalt vor allem durch Entwicklungen im Islam eine neue Aktualität und Dramatik bekommen hat. Es ist aber nicht zu leugnen, dass auch Religionen, die immer als friedlich charakterisiert wurden, solche Ausbrüche erleben. So bekämpfen radikale Hindus gleichermaßen Christen wie Muslime. Als ein besonderes Problem kommt hinzu, dass hier religiöser Fanatismus mit ethnischen Konflikten und sozialen Spannungen vermischt und Religion dann sehr gezielt als Quelle und Nährboden starker negativer Emotionen mit unbeschreiblichem Hass und oft unvorstellbarer Gewalt politisch instrumentalisiert wird.

Sind also die Religionen doch die Hauptquelle der Gewalt in der Welt?

Die großen humanitären Katastrophen des letzten Jahrhunderts hatten ihre Quelle nicht in den Religionen. Die deutsche Katastrophe des Nationalsozialismus und die auch in anderen Ländern wütende Gewalt durch Nationalismus und Faschismus gründete ja gerade nicht in einem religiösen Glauben, sondern in einer bewusst gottlosen Ideologie. Die andere große Quelle menschlicher Katastrophen im 20. Jahrhundert war der Kommunismus – wiederum in erklärtem Gegensatz zu den Religionen mit ihren Werten und Traditionen. Es ist ein wichtiger Fingerzeig zur grundsätzlichen Rolle der Religionen für den Menschen, dass diese Ideologien als Ersatzreligionen inszeniert wurden. Es ist also grundfalsch, die Hauptquelle der Gewalt auf der Welt in der Radikalisierung von Religionen zu sehen. Aber es ist ebenso falsch, den Anteil der Religion daran völlig zu leugnen. Eines der großen Defizite unserer Zeit besteht darin, dass die »Macher« in der Politik, in der Wirtschaft, den Wissenschaften und in anderen gesellschaftlichen Bereichen die Bedeutung von Werten und Wertkonflikten nicht verstehen und so wesentliche Ursachen für die wachsenden Konflikte in der Welt nicht erfassen. Damit werden wir uns beim Thema »Werte? Geld regiert die Welt« nochmals auseinandersetzen.

Andererseits entwickelt sich nach der Jahrtausendwende zunehmend eine Debatte über Rolle und Aufgabe der Religion in der Gesellschaft. Ein starker Impuls dafür war natürlich der Terroranschlag vom 11. September 2001 in den USA, und womöglich gewinnt die Diskussion in Europa nach dem Anschlag auf »Charlie Hebdo« vom 7. Januar 2015, dem »französischen 9/11«, erneut an Dynamik.

Immer wieder sind extreme Entwicklungen und Krisen Takt- und Richtungsgeber öffentlicher Debatten. So war die Katastrophe des Nationalsozialismus in Deutschland für die Abfassung des Grundgesetzes prägend. Ich finde es auch bis heute eindrucksvoll, wie Heinrich Böll das Lebensgefühl in Deutschland nach dem Zweiten Weltkrieg beschrieb. Er sah im Christentum die einzig wirksame geistige Kraft, die das Totalitäre vom Menschen fernhält und so dem Menschen wirklich gerecht wird. »Selbst die allerschlechteste christliche Welt würde ich der besten heidnischen vorziehen, weil es in einer christlichen Welt Raum gibt für die, denen keine heidnische Welt je Raum gegeben hat, für Krüppel und Kranke, für Alte und Schwache«, schreibt er im 1957 erschienenen Band »Was halten Sie vom Christentum«, herausgegeben von Karlheinz Deschner. Und weiter: »Und mehr noch als Raum gibt sie Liebe. Liebe für die, die in der heidnischen gottlosen Welt nutzlos erscheinen.«

Nach der Jahrtausendwende wurde die Bedeutung der Religion in der Tat plötzlich wieder zu einem wichtigen Thema. Es ist eine Fülle von Publikationen erschienen, von denen ich – gewissermaßen zur Einstiegslektüre – stellvertretend das Spiegel-Special »Weltmacht Religion. Wie der Glaube Politik und Gesellschaft beeinflusst« (2006) nennen möchte. Viele Beiträge zu diesem Thema landen im Ergebnis bei der längst sprichwörtlichen Formulierung des langjährigen Bundesverfassungsrichters Ernst-Wolfgang Böckenförde: »Der Staat lebt von Voraussetzungen, die er selbst nicht schaffen kann.« Eine besonders beachtete Stimme war auch die von Jürgen Habermas, der in den vergangenen Jahren immer wieder betont hat, dass religiöse Standpunkte eine wichtige Ressource für moderne Gesellschaften seien und deshalb auch in einer säkularen Umgebung gehört und anerkannt werden müssten. Seine Rede zur Verleihung des Friedenspreises des Deutschen Buchhandels ist inzwischen zum Programmwort im Hinblick auf die großen Aufgaben am Beginn des 21. Jahrhunderts geworden. Er sagte: »Moralische Empfindungen, die bisher nur in religiöser Sprache einen hinreichenden differenzierten Ausdruck besitzen, könnten allgemeine Resonanz finden, sobald sich für ein fast schon vergessenes, aber implizit Vermisstes, indirekt die Formulierung einstellt. Sehr selten gelingt das, aber manchmal. Eine Säkularisierung, die nicht vernichtet, vollzieht sich im Modus der Übersetzung. Das ist, was der Westen als die weltweit säkularisierte Macht aus seiner eigenen Geschichte lernen kann.«

Das Verhältnis von Staat und Kirche in rechtlicher Hinsicht

Alle diese Aussagen betonen die grundsätzliche Bedeutung der Religionen für die Menschen, die Gesellschaften und den Staat. Aber dies ist noch keine Begründung dafür, dass es in der Beziehung von Religion und Staat, genauer: christlichen Kirchen und Staat, beim selben rechtlichen Rahmen bleiben muss, der beim Aufbau der Bundesrepublik Deutschland gesetzt wurde. Schon die wachsende Bedeutung anderer Religionsgemeinschaften und die zunehmende Zahl derer, die sich zu keiner Religion bekennen, zwingen zu Überlegungen, die bisherigen gesetzlichen Regelungen anzupassen und das Staatskirchenrecht zu einem Religionsverfassungsrecht weiterzuentwickeln.

Die rechtlichen Regeln für die Beziehungen zwischen Staat und Kirchen stammen aus einer Zeit, als achtzig bis neunzig Prozent der Bundesbürger entweder der katholischen oder der evangelischen Kirche angehörten. Heute ist die Situation nicht nur im Osten der Republik ganz anders. So ist zum Beispiel nur noch etwa die Hälfte der Münchner Mitglied in einer der beiden großen christlichen Kirchen. Das muss doch Auswirkungen auf die rechtliche Gestaltung der Beziehungen zu den anderen Religionen haben.

Die Regelungen mit den christlichen Kirchen erfolgen über deren Verfasstheit als Körperschaft des öffentlichen Rechts mit entsprechenden Organen auf der Ebene von Bund und Ländern. Für die jüdische Glaubensgemeinschaft wurden entsprechende Regelungen getroffen. Der Islam hingegen kennt keine Struktur einer verfassten Kirche. Die Muslime haben daher im Gegenüber zum Staat bislang in Deutschland keinen für die ganze Glaubensgemeinschaft legitimierten Partner. Das ist nun beispielsweise im gesamten Bildungsbereich, vom Schulunterricht bis zur Ausgestaltung der islamischen Theologie als Wissenschaft an den Universitäten, mit erheblichen Problemen verbunden. Der Staat hat niemanden, mit dem er von allen Muslimen und ihren Gemeinschaften akzeptierte Regelungen treffen könnte. Daraus wird immer wieder die Forderung abgeleitet, die jetzige Gerichtsverfassung in den Beziehungen Staat und Kirchen durch ein allgemeines Religionsgesetz zu ersetzen. Diese Diskussion ist in vollem Gang. Dabei darf, so denke ich, zunächst festgehalten werden, dass sich unser Staat-Kirchen-Verhältnis sowohl für das Gemeinwesen, den Staat, wie auch für die Kirchen sehr bewährt hat. Umso schwerer ist es vermittelbar, das Bewährte deshalb aufzugeben, weil eine andere Religionsgemeinschaft aus ihrem Selbstverständnis heraus eine vergleichbare organisatorische und rechtliche Struktur nicht schaffen kann. Hier gibt es erheblichen Gesprächsbedarf. Ich warne aber vor voreiligen politischen Schlussfolgerungen.

Ein Punkt in den Diskussionen sind die finanziellen Leistungen des Staates und damit aller Steuerzahler an die Kirchen.

Man muss die verschiedenen Finanzierungsquellen unterscheiden. Lassen wir einmal die Kirchensteuer beiseite, die im Grunde ein Mitgliedsbeitrag ist, den die Finanzämter im Auftrag der Kirchen einziehen. Der Staat bekommt dafür eine entsprechende Kostenerstattung. Mir geht es auch nicht so sehr um die Honorierung kirchlicher Leistungen im Bereich des Sozialstaates oder des Bildungswesens. Hier bekommen die Kirchen nicht mehr und nichts anderes als andere freie Träger. Das entspricht dem Grundgedanken der Subsidiarität im Verhältnis von Bürger und Staat, also dem Vorrang der bürgerschaftlichen Initiative vor der Trägerschaft des Staates. Dieser unterstützt die freien Träger nicht, weil es für sie nützlich wäre, sondern weil es für die Menschen, für das Gemeinwesen vorteilhaft ist.

Ein eigenes Kapitel sind die finanziellen Leistungen des Staates als Abgeltung der Enteignungen von Kirchenbesitz in der Ära Säkularisation. Das Grundgesetz sieht vor, diese Leistungen abzulösen und zu beenden. In einem Rechtsstaat ist die entschädigungslose einseitige Aufkündigung eingegangener Verpflichtungen eigentlich nicht denkbar. Die Kirchen ihrerseits haben sich aber wiederholt offen für eine entsprechende Vereinbarung gezeigt. Die finanziellen Abfindungen für die Beendigung der Staatsleistungen müssten die Bundesländer erbringen. Diese aber sehen sich dazu nicht imstande. Die Kritik am gegenwärtigen Zustand richtet sich letztlich trotzdem nicht gegen die Länder, sondern gegen die Kirchen. Deshalb bleibt es eine Aufgabe der Kirchen, in Eigeninitiative eine auf Dauer akzeptierte Lösung voranzutreiben.

Teils aus eigener Einsicht, teils auf öffentlichen Druck haben die Bistümer mehr Transparenz bei der Darlegung ihrer Vermögensverhältnisse versprochen. Reicht das aus oder ist darüber hinaus nicht doch eine grundsätzliche Debatte über die Prioritäten beim Einsatz der Mittel notwendig?

Das ZdK hat sich mit anderen kirchlichen Gemeinschaften seit Jahren mit dem Themenkreis »ethisches Investment« auseinandergesetzt und mit Fachleuten entsprechend konkrete Vorschläge entwickelt.

»In Verantwortung vor Gott und den Menschen«

Das Grundgesetz wurde unter dem Eindruck der NS-Katastrophe und der schrecklichen Folgen inhumaner Ideologien erarbeitet. Beides liegt lange hinter uns. Worin sehen Sie die Aktualität der Präambel des Grundgesetzes: »Im Bewusstsein seiner Verantwortung vor Gott und den Menschen, von dem Willen beseelt, als gleichberechtigtes Glied in einem vereinten Europa dem Frieden der Welt zu dienen, hat sich das deutsche Volk kraft seiner verfassungsgebenden Gewalt dieses Grundgesetz gegeben.«

Es drängt sich gerade heute die Frage auf, warum angesichts der bitteren Erfahrungen dieser Jahrzehnte und in einem Grundgesetz, in dem die Trennung von Religion und Staat ein wichtiges Prinzip der Staatsverfassung ist, als Erstes formuliert wird: »Im Bewusstsein seiner Verantwortung vor Gott ...«. Die Diktaturen des Nationalsozialismus, des Faschismus und des Kommunismus waren nicht einfach nur zynische Machtveranstaltungen. Ihre Wirksamkeit schöpften sie auch aus ihrem bewusst gewählten Charakter einer Ersatzreligion. Dieser ermöglichte es ihnen, Tatkraft, Idealismus, bedingungslosen Einsatz und Opferbereitschaft der Menschen für verbrecherische Ziele zu mobilisieren. Im Wissen darum formuliert die Präambel zur Verfassung des Freistaats Bayern: »Angesichts des Trümmerfeldes, zu dem eine Staats- und Gesellschaftsordnung ohne Gott, ohne Gewissen und ohne Achtung vor der Würde des Menschen die Überlebenden des Zweiten Weltkriegs geführt hat, in dem festen Entschluss, den kommenden deutschen Geschlechtern die Segnungen des Friedens, der Menschlichkeit und des Rechtes dauerhaft zu sichern, gibt sich das bayerische Volk, eingedenk seiner mehr als tausendjährigen Geschichte, nachstehende demokratische Verfassung.« Hans Maier, einer meiner Vorgänger im Amt des ZdK-Präsidenten, langjähriger bayerischer Kultusminister und renommierter Wissenschaftler, hat immer wieder gesagt: »Das Christentum hat das politische Handeln rechenschaftspflichtig vor Gott und den Menschen.«

Was heißt das aber, wenn »die Menschen« mehrheitlich nur noch einen – wenn überhaupt – schemenhaften Zugang zu Gott haben?

Weltweit beobachten wir, dass die Bedeutung der Religionen auch und gerade für das politische Handeln zunimmt, leider jedoch häufig in einer Weise, die wir als Missbrauch der Religion sehen. Wir finden aber die notwendigen Orientierungen für unser eigenes Leben und Handeln und für das Zusammenleben der Völker ganz gewiss nicht dadurch, dass wir die Bedeutung der Religion für die Menschen und für die Menschheit ignorieren. Im Übrigen gibt es auch in unserem Land viele Formen von Ersatzreligionen, der große Markt der Esoterik ist dafür ein Beispiel. Die Sehnsucht des Menschen nach einer Dimension, einer Orientierung und einer Kraft, die über die seine hinausgeht, ist wohl im Menschen angelegt. Diese Sehnsüchte werden sich immer wieder ihren Weg und ihren Ausdruck suchen.

Mit Blick auf die internationale Entwicklung, auf die Kräftefelder in einer Welt, in der wir immer enger eine Schicksalsgemeinschaft werden, werden wir viele Entwicklungen nicht verstehen, wenn wir die Rolle und die Kraft der Religionen leugnen oder ignorieren.

Damit haben Sie noch keine Antwort auf die Frage nach den Aufgaben in unserer Gesellschaft und in unserem Staatswesen gegeben, ebenso wenig auf die nach der Bedeutung der Präambeln unseres Grundgesetzes und verschiedener Landesverfassungen mit gleichem oder ähnlichem Inhalt.

Dafür gilt es zunächst, ich deutete das an, die Grundsatzfragen nach der Rolle der christlichen Religion und der Religionen strikt zu trennen von Kirchenpolitik. Diese ist legitim und notwendig, wenn es um die rechtlichen Regelungen und Finanzfragen in der Beziehung von Staat und Kirche geht. Hier darf angesichts des Beitrags der Kirchen zum Gemeinwohl legitimerweise auch der Beitrag des Staates zur Erfüllung kirchlicher Aufgaben erwartet werden. Die grundsätzliche Frage der Bedeutung und der Rolle der Religion für das Staatswesen ist davon jedoch unabhängig.

Der ZEIT-Journalist Jan Roß beschreibt die Aufgabe in seinem Buch »Die Verteidigung des Menschen. Warum Gott gebraucht wird« so: » Nicht für Gott, für den Menschen ist die Religion da – um ihn frei, reich, tief, groß zu machen: menschlich …« Und weiter: »Dass der Mensch zu dieser Menschlichkeit Religion braucht oder wenigstens sehr gut brauchen kann, das ist die These, die plausibel werden soll. Gott ist die Garantie der Humanität. Die gottlose Gesellschaft ist bedroht von Unmenschlichkeit.« Diese Position spiegelt die Erfahrung der Väter und Mütter des Grundgesetzes. Wenn es keine höhere Instanz, keinen höheren Maßstab gibt als den jeweiligen Zeitgeist in Form von Ersatzreligionen, werden die Grundfragen des Zusammenlebens immer wieder nach Mehrheitsverhältnissen disponibel.

Aber wie kann man dies den Menschen der heutigen Zeit zugänglich machen, die nach Sinn und Orientierung suchen, vielleicht sogar an Gott glauben möchten, aber den Weg nicht finden? Wie können die Dimensionen des Religiösen positiv zum Tragen kommen, ins offene Gespräch, die kritische Reflexion? Davon ist, vielleicht auch angesichts wachsender Verunsicherung der Christen im Umgang mit ihren Traditionen und Glaubensvollzügen, nicht viel Inspirierendes zu hören. Übrigens auch nicht vom Zentralkomitee der deutschen Katholiken.

Die Laienorganisationen und damit auch das ZdK sind primär handlungs- und gemeinschaftsorientiert. Sie können die Klärung und die Weiterentwicklung dieser Grundsatzfragen nur sehr begrenzt leisten. Gleichzeitig sind aber alle engagierten Laien darauf angewiesen, dass sie für ihre Aufgaben und Positionen im Weltdienst aus solchen Quellen schöpfen können. Die Programme der katholischen Akademien kennen sehr wohl die offene Auseinandersetzung. Hier sehe ich die besondere Aufgabe der Theologie und verwandter Wissenschaften, unserer Akademien und Bildungsstätten, die als Orte der geistigen Auseinandersetzung dafür besonders geeignet sind und auch einen besonderen Auftrag wahrnehmen sollten. Sie brauchen dafür den Freiraum, die Freiheit der geistigen Auseinandersetzung. Diese Aufgabe ist aktueller denn je, das gebe ich auch in den allfälligen Spardebatten zu bedenken.

Laien und Kleriker in der katholischen Kirche – große Verdienste und schwierige Perspektiven

Einmalig: die Selbstorganisation der Laien in Deutschland

Es gibt die These, der christliche Glaube sei seinem Wesen nach politisch. Wenn wir jedoch vom politischen Engagement der Katholiken reden, denken wir vermutlich in erster Linie an den Bereich der Politik, der von den Parteien und den politischen Organen geprägt wird, auf der Kommunal- bis hin zur Bundesebene und weiter zu den europäischen Institutionen. Was ist Ihr Verständnis von politischem Engagement?

Politisches Engagement beginnt für mich dort, wo gemeinsames Handeln für Aufgaben und Anliegen unseres Zusammenlebens erforderlich ist. Für die christliche Existenz zentral ist die Kategorie der Barmherzigkeit im Sinne von Zuwendung und Hilfe für den Nächsten, die Einheit von Nächstenliebe und Gottesliebe. Dabei dürfen wir aber nicht stehen bleiben. Ansonsten hielten wir Menschen möglicherweise in Abhängigkeit und gäben ihnen nicht die Chance, durch die Förderung und Entwicklung ihrer eigenen Fähigkeiten unabhängig von fremder Hilfe zu werden. Das aber ist ja der zentrale Gedanke der christlichen Soziallehre: dem Einzelnen die Chance zur eigenständigen Lebensgestaltung zu geben, nach Maßgabe der Gerechtigkeit. In Deutschland hat sich das in der Arbeit der Sozialverbände niedergeschlagen, die auch in der Weltkirche etwas recht Einmaliges ist. Pioniere wie Bischof Wilhelm Emmanuel von Ketteler oder Adolph Kolping stehen am Anfang einer Entwicklung, die oft auch als »Sozialkatholizismus« bezeichnet wurde. In der Ausweitung auf ein umfassendes Engagement von Katholiken in Gesellschaft und Staat entstand daraus der »politische Katholizismus«, für dessen frühes Stadium Persönlichkeiten wie der Zentrumspolitiker Ludwig Windthorst standen und in der Nachkriegszeit viele Männer und Frauen, die den Wiederaufbau Deutschlands entscheidend geprägt haben.

Sie nennen die Selbstorganisation der katholischen Laien etwas Einmaliges, vor allem auch im Hinblick auf den Grad der Selbstständigkeit innerhalb der Kirche. In der katholischen Kirche ist sonst fast durchweg die »katholische Aktion« das Organisationsmuster für die Laien. Hier haben stets Priester die zentralen Führungspositionen inne. Warum war und ist das in Deutschland anders?

In der Tat ist es so, dass wir als Zentralkomitee der deutschen Katholiken schon in den anderen Ländern der Europäischen Union keine Partner mit vergleichbarem Organisationsgrad haben. Die größte Ähnlichkeit besteht noch zu den Verhältnissen in Österreich. Unsere Sonderstellung hat ihre Wurzeln in der Geschichte Deutschlands. Als den Bürgern nach den revolutionären Veränderungen von 1848 vom Staat die Möglichkeit eröffnet wurde, Vereine zu gründen und sich gesellschaftspolitisch zu betätigen, haben katholische Laien dies genutzt. Sie haben sich organisiert, um die besonderen Anliegen der Katholiken in einer Zeit zu vertreten, in der die Kirche durch den folgenden Kulturkampf unter enormem Druck stand und der Klerus durch staatliche Regelungen und staatliche Kontrolle und Bevormundung in seinen Freiheiten stark eingeschränkt war. Die Zielrichtung der katholischen Laien in der Zeit des Kulturkampfs richtete sich sowohl gegen den Staat überhaupt als auch speziell gegen die protestantische Dominanz im öffentlichen Leben, vor allem in Preußen und seit 1870 im Kaiserreich.

Mit zeitlicher Verzögerung erhielt die Soziale Frage im Engagement der Laien größeres Gewicht. Dass sich das kirchliche

Lehramt in den Sozialenzykliken der Päpste – angefangen mit *Rerum Novarum* von Papst Leo XIII. – der Sozialen Frage so akzentuiert angenommen hat, ist der weltkirchliche Reflex einer ursprünglich deutschen Entwicklung. Über die christliche Barmherzigkeit und Fürsorge hinaus bekam die Dimension der sozialen Gerechtigkeit im kirchlichen Handeln und in der kirchlichen Reflexion Gewicht. Ordnungspolitik, die Gestaltung politischer Rahmenbedingungen, das gehörte nun zu den Aufgaben, derer sich die Katholiken aus der Sicht der Kirche anzunehmen hatten. Der deutsche Katholizismus hat hier für die Weltkirche prägend gewirkt.

Jedoch offenkundig nicht für das Verhältnis von Klerus und Laien.

Das kirchliche Amt auf der einen Seite und der soziale und politische Katholizismus auf der anderen waren in Deutschland nie völlig deckungsgleich. Gewiss waren sie von Anfang an aufeinander angewiesen, das erzwang vor allem die Minderheitensituation der Katholiken im 19. Jahrhundert. Es gab aber auch zwischen Laien und Geistlichen immer wieder Auseinandersetzungen und Konflikte. Das ist in einer lebendigen Kirche etwas ganz Natürliches. In der Regel verläuft die Konfliktlinie zudem nicht zwischen Laien und Geistlichen, sondern quer durch die theologischen und kirchenpolitischen Lager.

In den Staaten des Deutschen Bundes durften die Bischöfe damals keinen Kontakt miteinander pflegen, nicht gemeinsam tagen. Ihre Erlasse bedurften der Zustimmung der jeweiligen weltlichen Obrigkeiten. Damit konnte man die Kirchen politisch wirksam unter Kontrolle halten.

Im Revolutionsjahr 1848 trat vom 3. bis zum 6. Oktober erstmals die »Generalversammlung der Vertreter der katholischen Vereine« zusammen. Sie war gewissermaßen der erste »Katholikentag«: eine Versammlung von Laien mit einem gewählten Laienpräsidenten, in der auch Priester mitarbeiteten, die allerdings von den jeweiligen Vereinen delegiert waren, nicht von der »Amtskirche«.

In den Jahrzehnten der Entwicklung des modernen Sozialstaats war die Katholische Kirche in Deutschland auf nationaler Ebene vor allem durch die Katholikentage präsent. Die nationalen Bischofskonferenzen hatten aus Angst vor der Entwicklung von »Nationalkirchen« keine entsprechende kirchenrechtliche und institutionelle Rolle und damit auch keine entsprechende öffentliche Wirkungsmöglichkeit. Der ehemalige bayerische Kultusminister Hans Maier meint dazu in einem Artikel der »Frankfurter Allgemeinen Zeitung«: »Die katholischen Laien haben wesentlich dazu beigetragen, dass die Kirche in der modernen Gesellschaft ihren Platz fand – jenen Platz, den ihr die Anwälte des ›Kulturkampfs‹ streitig machen wollten; sie konnten sich die Katholische Kirche nur als eine Landeskirche vorstellen« (Salz der Erde, FAZ vom 14.05.2012).

Sie erwähnten auch den Beitrag katholischer Persönlichkeiten zum Aufbau der Bundesrepublik.

Ohne die katholische Soziallehre – und ich füge hinzu: der evangelischen Sozialethik – wäre die Entwicklung des Sozialstaates der Bundesrepublik ebenso wenig denkbar wie die soziale Marktwirtschaft. Sie sind eine geniale Alternative zum Liberalismus klassischer Prägung einerseits und zur sozialistischen Planwirtschaft andererseits. Der christliche Bezug ist, dass die soziale Marktwirtschaft das Wohl des Menschen in den Mittelpunkt rückt. Die Wirtschaft und die Ökonomie sind daraufhin geordnet, haben Dienstcharakter. Dieses Ordnungsprinzip ist hoch aktuell. Überall auf der Welt sind derzeit die furchtbaren Schäden, die ein zügelloser Kapitalismus an Menschen hinterlässt, zu besichtigen. Die soziale Markt-

wirtschaft verbindet die Innovationskraft und die Leistungsfähigkeit von Wettbewerb und Markt mit der gleichrangigen
Aufgabe des sozialen Ausgleichs. Sie bewahrt also die innovative Stärke des Marktes, versteht sozialen Ausgleich dann
aber nicht als nachgelagerten Reparaturbetrieb, nicht als »Sanitätszug«, der die Verwundeten aufsammelt. Ein Verdienst
der katholischen Verbände liegt nun nicht zuletzt darin,
dass sie viele Menschen mit diesem Gedankengut vertraut
gemacht und sie befähigt haben, ins öffentliche Leben zu gehen und sich damit sowohl in den Verbänden wie in den
Parlamenten im demokratischen Wettbewerb politischer Ideen und Konzepte zu bewähren und ihn mitzugestalten. Das
meine ich, wenn ich von der Weitung des »sozialen Katholizismus« zum »politischen Katholizismus« im engeren Sinne
spreche, der sich auf allen Tätigkeitsfeldern zu bewähren
hat. Das gilt für das Bildungswesen, das Gesundheitswesen,
aber auch für die internationale Zusammenarbeit. Wir sollten selbstbewusst genug sein, auf diesen wesentlichen Beitrag
der katholischen Kirche und der Katholiken zur Wohlfahrt
unseres Gemeinwesens zu verweisen.

Mir ist es jedoch auch wichtig, daran zu erinnern, dass das
Engagement des Laienkatholizismus keine auf Deutschland beschränkte Nabelschau war. Das ZdK und die katholischen Verbände haben wichtige Impulse für die internationale Kooperation gegeben. Die Gründung des Maximilian-Kolbe-Werks
1973 war eine der großen Pionierleistungen in der Versöhnungsarbeit mit Polen und der geistigen Auseinandersetzung
mit dem Nationalsozialismus. Auch der Anstoß zur Gründung
des kirchlichen Hilfswerkes *Renovabis* für die Völker in Mittel-
und Osteuropa, den früher kommunistisch regierten Ländern,
kam vom ZdK.

Die bekanntesten Initiativen katholischer Entwicklungszusammenarbeit –
Misereor und Adveniat – stammen indes von den Bischöfen, namentlich
vom Kölner Kardinal Josef Frings und seinem damaligen Generalvikar
Joseph Teusch.

Ich möchte nicht missverstanden werden: Mir geht es nicht
darum, in einen Wettbewerb um Urheberrechte und historische Verdienste einzutreten. Die kirchlichen Organisationen
sind allesamt wichtige Akteure in der Entwicklungspolitik, in
der Umweltpolitik und gegenwärtig insbesondere im Umweltschutz, sowohl bei den konkreten Maßnahmen vor Ort wie
auch in den internationalen Auseinandersetzungen etwa um
die Klimapolitik. Die Bischöfe haben die kirchlichen Hilfswer-
ke *Misereor* und *Adveniat* gegründet, aber auch die katholischen Laienverbände haben wichtige Beiträge für den Aufbau
der Entwicklungsdienste und den Einsatz der Entwicklungs-
helfer geleistet. In all diesen Bereichen sind wir nach wie vor
engagiert. Gemeinsam mit der Bischofskonferenz trägt das
ZdK die deutsche Sektion der weltkirchlichen Organisation
Justitia et Pax, die ihren Schwerpunkt im Einsatz für Gerechtigkeit und Frieden hat.

Katholische Verbände heute: der schwierige Weg in die Zukunft

Ohne die genannten historischen Leistungen zu schmälern, muss man doch
feststellen, dass die Kraft katholischer Verbände und Organisationen in der
gesellschaftlichen Meinungsbildung und der Einfluss auf Entscheidungen im
politischen Raum mittlerweile sehr viel geringer geworden sind. Die Zu-
kunftsperspektive nimmt sich angesichts der Schrumpfungsprozesse in der
Kirche und ihrer veränderten Position in einer offenen, multikulturellen und
säkularen Gesellschaft noch weitaus bescheidener aus. Ist die Zeit des politi-
schen Katholizismus vorüber?

Ich sehe zumindest nicht, dass die Verbände heute überflüssig wären. Richtig ist, dass einige von ihnen – ähnlich wie beispielsweise die tätigen Orden in ihrer Blütezeit im 19. Jahrhundert – eine geschichtliche Leistung erbracht und heute an Bedeutung verloren haben. Das kann daran liegen, dass die von diesen Verbänden vertretenen Berufsgruppen immer kleiner werden oder dass die Anliegen der Verbände gewissermaßen Allgemeingut geworden sind. Generell aber wird für das politische Handeln des Einzelnen immer auch Gemeinschaft notwendig sein. Wirksam politisch handeln kann man nur als organisierte Gruppe. Das erweist sich sehr eindrucksvoll in den Erfahrungen des sogenannten Arabischen Frühlings.

Eine ähnliche Beobachtung kann man in Deutschland in Bezug auf die Piratenpartei machen. Das Internet hat fantastische Zugänge zu Informationen eröffnet. Kein politischer Beschluss hätte je einen solchen Gewinn an Wissen und Kommunikation für Milliarden von Menschen auf der ganzen Welt bewirken können, einen solchen Zuwachs an Lebensqualität und Lebenschancen. Das Internet hat auch das Verhältnis von Bürgern und Politikern verändert, insofern engagierten Einzelnen oder Bürgerinitiativen heute zu jedem Fachthema das gesamte Weltwissen zur Verfügung steht. Damit sind sie in den gesellschaftspolitischen Debatten und für Entscheidungen der Staatsorgane in ganz anderer Weise zu Partnern, aber zugleich auch zu Herausforderern geworden. Doch die Erfahrung zeigt hier, dass die Summe der vielen Nutzer des Internets und ihre Vernetzung Information und Mobilisierung ermöglichen, aber noch keine hinreichenden Bedingungen sind für politische Gestaltungskraft. Dazu braucht es eben die Rahmenbedingungen einer organisierten Gemeinschaft. Dafür müssen dann Regeln der Zusammenarbeit und der Mehrheitsbildung akzeptiert werden. Formen der Führung sind notwendig. Deshalb werden Verbände und Parteien und damit unter anderen christliche Verbände für ein wirksames gesellschaftliches Handeln wichtig bleiben, wenn auch unter veränderten Bedingungen.

Was heißt das für das künftige Selbstverständnis der Laienverbände?

Dass wir uns als »Salz der Erde« begreifen müssen. Dass wir den Wandel vom kirchlichen Anspruch auf Macht über die Menschen hin zum Dienst an der Gemeinschaft auch für uns selbst bejahen und annehmen. Dass wir uns gegebenenfalls als eine engagierte Minderheit ins öffentliche und politische Leben einbringen.

Demgegenüber wirken kirchliche Gemeinschaften und Verbände nicht selten wie Traditionsvereine, die alle Kraft auf ihre Selbsterhaltung konzentrieren. Die Ausstrahlung katholischer Verbände hinein in die Öffentlichkeit ist doch immer weniger wahrnehmbar. Zahl und Umfang von Presseerklärungen sind jedenfalls kein Beleg für Relevanz.

Generell gilt, dass mit einer sinkenden Zahl von Menschen mit Kirchenbindung auch die Mitgliedszahlen in den katholischen Gemeinschaften abnehmen. Andererseits haben beispielsweise die Gemeinschaften im *Bund der Deutschen Katholischen Jugend* (BDKJ) immer noch 660.000 Mitglieder in der Altersgruppe von 7 bis 28 Jahren. In der 72-Stunden-Aktion des BDKJ 2013 haben sich 100.000 Kinder und Jugendliche 3 Tage lang in 4.000 Projekten für das Wohl anderer eingesetzt. Welche anderen Gemeinschaften – von Sportvereinen einmal abgesehen – erreichen heute auch nur annähernd so viele junge Leute?

Die gesellschaftliche und politische Wirksamkeit ist natürlich von Gewicht, aber sie ist nicht die alleinige Daseinsberechtigung für katholische Verbände. Diese haben auch ihren Eigenwert als Gemeinschaften, in denen Menschen sich aufgehoben und beheimatet fühlen, in denen sie Orientierungen und Impulse für ihre Lebensgestaltung bekommen. Solange daran Interesse besteht und sich genügend Interessierte einfinden, werden diese Verbände Bestand haben. Aber ich füge einschränkend hinzu: nur dann, wenn sie sich wandeln und die Menschen von heute ansprechen.

Ist Wandel als Reaktion auf die grundlegenden Veränderungen in der Gesellschaft gefordert?

Zu einer realistischen Weltsicht gehört die Erkenntnis, dass die Bedeutung von Verbänden und die Durchschlagskraft der Verbandsarbeit generell gesunken sind. Das trifft nicht nur auf die kirchlichen Organisationen zu. In meiner aktiven Zeit als Politiker haben wir über Jahrzehnte hinweg sehr aufmerksam registriert, was die großen, mitgliederstarken gesellschaftlichen Organisationen zu einem bestimmten Thema zu sagen hatten – unter ihnen selbstverständlich auch die Kirchen. Von ihrem Votum und ihrer Positionierung hingen wesentlich die Chancen auf Mehrheiten ab. Das ist heute deutlich anders. Wie bedeutsam ist noch die Stimme der Wirtschaftsverbände, der Gewerkschaften oder anderer Großorganisationen? Lange nicht mehr so entscheidend wie damals. Gleiches gilt für die Meinungsbildung durch die Medien. Ein TV-Format wie die Talkshow »Sabine Christiansen« hatte zu seiner Zeit eine weitaus größere Durchschlagskraft als heute die inflationäre Vielfalt von Quasselrunden, die zum Teil sogar zeitgleich auf sämtlichen Kanälen laufen. Die politische Bedeutung von Wochenmagazinen wie »Spiegel« und »Stern« ist gleichfalls drastisch gesunken. All diese Meinungsführer von einst haben einen für sie schmerzlichen Verlust an Reichweite und Relevanz erlitten. Die Trendsetter der Welt von heute, insbesondere auch der Kommunikationswelt, sind ganz andere. Sie sind oft schwer fassbar. Die Kommunikation im Internet ist dafür exemplarisch.

Sie sprachen von prägenden katholischen Persönlichkeiten in der Politik. Idealtypisch waren das Männer und Frauen mit einer Sozialisation im Verbandswesen. Dort hatten sie ihr Handwerk gelernt. Dort war ihre geistige und geistliche Heimat und waren auch ihre Unterstützer. Können die Verbände überhaupt noch als ein solcher Lebensraum und als solches Reservoir fungieren?

Damit sprechen Sie eine der schwierigsten Fragen und die vielleicht größte Herausforderung an. Generell hat politisches Engagement für die Menschen heute nicht mehr den gleichen Stellenwert wie früher. Das ist nicht nur in der Kirche so, das gilt auch für die Gesellschaft insgesamt. Schon deshalb ist die Anziehungskraft, den parlamentarische Mandate oder politische Ämter auf geeignete Persönlichkeiten ausüben, deutlich geringer geworden. In der Kirche kommt die schon genannte statistische Korrelation erschwerend hinzu: Mit der sinkenden Zahl der Kirchenmitglieder reduziert sich eben auch die Rekrutierungsmöglichkeit für politische Führungskräfte aus dem kirchlichen Raum. Nun hängt die Präsenz christlicher Anliegen im öffentlichen Raum aber auch entscheidend von christlichen Persönlichkeiten ab, die sich in diesem öffentlichen Raum engagieren. Wenn die Verbände hier als Lebensraum und Reservoir ausfallen, hat die Kirche als gesellschaftliche Akteurin unbestreitbar ein Problem.

Soweit die Diagnose. Haben Sie Therapievorschläge?

Wir müssen überlegen, ob die Bildungsstätten, die früher Führungspersönlichkeiten wesentlich herangebildet und unterstützt haben, diese Aufgabe nicht neu für sich entdecken könnten. Für den ländlichen Raum waren die katholischen

Landvolkshochschulen und für den Bereich der Arbeitswelt die Sozialakademien einmal ganz unverzichtbare Anlaufstellen für Leute, die in diesen Kreisen mitreden und mitmischen wollten. Es ist zu diskutieren, ob wir analog zur studentischen Begabtenförderung im Cusanuswerk ähnliche Strukturen für Führungsnachwuchs aufbauen könnten. Nicht als eine irgendwie engstirnige Kaderschmiede, sondern mit der Weite katholischen Denkens und christlichen Engagements. Damit sind sicher auch Herausforderungen für das ZdK verbunden. Wir sollten ja nicht nur schützendes Dach und Kuppel über allem sein, was es an gewachsenen Strukturen im katholischen Verbändewesen gibt, sondern das ZdK muss sich in der Gesamtverantwortung für den Laienkatholizismus in Deutschland sehen, auch jenseits der Mitgliedschaft. Das bedeutet auch, dass wir unter den Bedingungen des Wandels neue Wege zur Förderung und Unterstützung von Führungskräften in Gesellschaft und Staat gehen.

Minderheit bleibt Minderheit – mit beschränkter Kraft und endlichen Ressourcen. Die naheliegende Gefahr ist die Resignation und die Versuchung, es sich in der Nische bequem zu machen.

Die Wahrheit ist, dass die Mehrheit nicht Initiatorin und Motor von Veränderungen ist. Alles Neue beginnt zunächst mit Einzelnen. Sie haben die undankbare und strapaziöse Rolle der Außenseiter. Exemplarisch stehen dafür die biblischen Propheten im Alten Testament, die neue Sichtweisen und neues Denken fordern. Natürlich sind nicht alle Außenseiter- und Minderheitenpositionen immer schon qualitativ hochwertig und richtungsweisend. Aber aus den engagierten Minderheiten heraus kommen Kräfte und Konzepte zur Entfaltung, die mehrheitsfähig werden können. Ein Beispiel aus den vergangenen Jahrzehnten ist der Umweltschutz: Als Anliegen der Umweltbewegung in bewusstem Gegensatz zum politischen, wirtschaftlichen und gesellschaftlichen Establishment entstanden, ist daraus heute ein Staatsziel geworden – samt staatlichem Unterbau mit Ministerien, Ämtern und Behörden. Für vielfältige Entwicklungen im Bereich des sozialen Engagements – ich nenne zuvorderst hier nur die Hospizbewegung – gilt Ähnliches. Der künftige Einfluss der Christen auf gesellschaftliche Veränderungen wird in Zukunft also gerade nicht von ihrem quantitativen Gewicht abhängen, sondern von der Qualität ihres Beitrags, von einer überzeugenden Verbindung glaubwürdiger Wertorientierung mit hoher Sachkompetenz und dauerhaftem Engagement. Das setzt freilich voraus, dass es in der Kirche das geistige Klima, den Freiraum für Kreativität und für die Entwicklung starker Führungspersönlichkeiten gibt.

»Sozialkatholizismus« – Gerechtigkeit ist mehr als Fürsorge

Die Soziale Frage heute: Was es heißt, »an die Ränder der Existenz« zu gehen

Das politische Engagement der Katholiken und der katholischen Organisationen hat sich vor allem mit der Sozialen Frage im 19. Jahrhundert entwickelt. Damit waren vor allem die Entwicklungen in der Arbeitswelt und besonders die Lage der Arbeiter gemeint. Was ist heute die Soziale Frage, die das Engagement der katholischen Laien erfordert?

Natürlich gibt es auch in der Arbeitswelt von heute soziale Konflikte. Unsere Verbände und Gemeinschaften wie KAB, Kolping, die Familienverbände, die Sozialinstitute, die einschlägigen Experten der katholischen Soziallehre sind hier vielfach engagiert. Die Schere in der Einkommensentwicklung geht immer weiter auseinander, nicht nur zwischen exorbitanten Managergehältern und Geringverdienern. Die Ausbeutung ausländischer Arbeitnehmer über die Struktur von Subunternehmern und Werkverträgen schreit zum Himmel. Die Fleischindustrie ist dafür ein krasses Beispiel.

Es gibt Anzeichen dafür, dass womöglich eine ähnliche Soziale Frage wie in der Phase des Umbruchs der Industrialisierung, ein vergleichbarer sozialer Sprengstoff in der Arbeitswelt auf uns zukommt. Dazu tragen zum Beispiel die revolutionären Veränderungen in der Arbeitswelt durch die weitere Digitalisierung bei, die sogenannte Arbeitswelt 4.0. Damit wird eine neue Entwicklung der Automatisierung der Arbeitswelt beschrieben, in der die Maschinen untereinander durch Datenverbindungen vernetzt sind und in hohem Umfang ein sich selbst steuerndes System werden. Die Konturen dieser Entwicklung sind noch unscharf, aber sie geraten zunehmend in den Blick, wenn es um die Modernisierung unserer export-orientierten Wirtschaft geht, etwa im Maschinenbau. Damit müssen wir uns realistisch auseinandersetzen.

Der Papst hat die Kirche dazu aufgerufen, »an die Ränder der Existenz« zu gehen. Das ist gerade nicht geografisch gemeint. Damit richtet sich der Blick ganz allgemein auf die sozialen Nöte im eigenen Land. Neben den Herausforderungen der Arbeitswelt: Wo stellt sich die Soziale Frage im 21. Jahrhundert für Christen aus Ihrer Sicht noch besonders dringlich?

In der Vielfältigkeit der heutigen Gesellschaft und der wachsenden Komplexität gibt es nicht die eine dominante Soziale Frage. Ohne Anspruch auf Vollständigkeit nenne ich deshalb:

- das Auseinanderdriften in der Gesellschaft, sowohl, was die Einkommen und die materiellen Lebensgrundlagen betrifft, wie auch die sozialen Beziehungen;
- die eher sinkende Chancengerechtigkeit, jedenfalls im Vergleich zu den Wachstumsjahrzehnten und den Entwicklungen in der Nachkriegszeit. Damals ermöglichten Bildung und Anstrengung gesellschaftlichen Aufstieg und bedeuteten großen Zuwachs an Lebenschancen für die Menschen. Das führte zu einer sozialen Durchlässigkeit, die zuvor undenkbar war. Früher – und in weiten Teilen der Welt ist es heute noch so – wurde man in eine bestimmte gesellschaftliche Gruppe hineingeboren und war daraufhin meistens auch ein Leben lang festgelegt;
- die Situation der Familie in der modernen Welt der Mobilität, der Ökonomisierung aller Lebensbereiche. Von besonderer Brisanz ist dabei die Situation der Kinder in dieser Welt;
- die berufliche Situation vieler junger und oft sehr gut ausgebildeter Menschen, die nicht selten für lange Zeit keine

festen Arbeitsverträge bekommen und damit auch keine entsprechende Grundlage haben für eine Lebensplanung und für die Gründung einer Familie;

- die Zunahme psychischer Krankheiten infolge der Belastungen und der Hektik in der Arbeitswelt, eines Tempos, das die meisten sogar in ihrer Freizeit einfach fortsetzen, aus Angst, etwas zu versäumen;
- die Situation vieler älterer Menschen, die der Pflege bedürfen.

Ich will dann aber doch die Soziale Frage so gestellt wissen, dass sie nicht nur auf unser Gemeinwesen, auf unser Land und unseren Staat begrenzt bleibt. Wir werden fast täglich mehr und mehr zu einer internationalen Schicksalsgemeinschaft und müssen gerade als Christen und Teil der katholischen Weltkirche den traditionellen Gemeinwohlmaßstab global skalieren. Dazu will ich auf Papst Franziskus verweisen, der in *Evangelii Gaudium* schreibt: »Die Menschheit erlebt im Moment eine historische Wende, die wir an den Fortschritten ablesen können, die auf verschiedenen Gebieten gemacht werden. Lobenswert sind die Erfolge, die zum Wohl der Menschen beitragen, zum Beispiel auf dem Gebiet der Gesundheit, der Erziehung und der Kommunikation. Wir dürfen jedoch nicht vergessen, dass der größte Teil der Männer und Frauen unserer Zeit in täglicher Unsicherheit lebt, mit unheilvollen Konsequenzen. Einige Pathologien nehmen zu. Angst und Verzweiflung ergreifen das Herz vieler Menschen, sogar in den sogenannten reichen Ländern. Häufig erlischt die Lebensfreude, nehmen Respektlosigkeit und Gewalt zu, die soziale Ungleichheit tritt immer klarer zutage. Man muss kämpfen, um zu leben – und oft wenig würdevoll zu leben. Dieser epochale

Wandel ist verursacht worden durch die enormen Sprünge, die in Bezug auf Qualität, Quantität, Schnelligkeit und Häufung im wissenschaftlichen Fortschritt sowie in den technologischen Neuerungen und ihren prompten Anwendungen in verschiedenen Bereichen der Natur und des Lebens zu verzeichnen sind. Wir befinden uns im Zeitalter des Wissens und der Information, einer Quelle neuer Formen einer sehr oft anonymen Macht« (EG, 52).

Der Einsatz für Gerechtigkeit und die Parteinahme für die Schwachen war zu allen Zeiten eine besondere Aufgabe und Verpflichtung der Christen. Als solche in einem Wohlstandsland dürfen uns die Menschen in anderen Regionen dieser Erde nicht gleichgültig sein. Die Verhältnisse sind in den einzelnen Gesellschaften, Zivilisationen und Kulturen sehr verschieden. Gegenwärtig sehe ich vor allem globale Entwicklungen als gemeinsame Aufgabe, als Herausforderung für unsere Solidarität:

- die Ausbeutung vieler Lebensräume für die Gewinnung von Rohstoffen;
- die Ausbeutung vieler Menschen für die Herstellung möglichst billiger Waren für die Wohlstandsgesellschaften;
- die Umweltverschmutzung, die vor allem durch die Industrienationen und die Gesellschaften der nördlichen Erdhalbkugel verursacht werden und die Lebensräume der Armen ruinieren;
- die wachsende Zahl von Flüchtlingen.

Die Aufnahme und Integration der wachsenden Zahl von Flüchtlingen ist eine gewaltige Aufgabe mit viel und auch latentem Konfliktstoff. Papst Franziskus hat uns in *Evangelii Gaudium* diese Aufgabe ins Stammbuch geschrieben: »Es ist unerlässlich, neuen Formen von Armut und Hinfälligkeit –

den Obdachlosen, den Drogenabhängigen, den Flüchtlingen, den eingeborenen Bevölkerungen, den immer mehr vereinsamten und verlassenen alten Menschen usw. – unsere Aufmerksamkeit zu widmen. Wir sind berufen, in ihnen den leidenden Christus zu erkennen und ihm nahe zu sein, auch wenn uns das augenscheinlich keine greifbaren und unmittelbaren Vorteile bringt. Die Migranten stellen für mich eine besondere Herausforderung dar, weil ich Hirte einer Kirche ohne Grenzen bin, die sich als Mutter aller fühlt« (EG, 210).

Der Beitrag des Einzelnen: Was ist das spezifisch Christliche?

Das ist eine schier erdrückende Fülle von Aufgaben. Wo stehen die katholischen Laien heute bei deren Bewältigung?

Wir sind in vielfältiger Weise engagiert und prägen Entwicklungen nach wie vor entscheidend mit. Das gilt für die Caritas und eine Vielzahl von kirchlich getragenen und motivierten Gemeinschaften, Stiftungen und Sozialeinrichtungen. Vor allem bei überörtlich tätigen Sozialwerken ist der konkrete Dienst für die Menschen verbunden mit fachlichem Engagement in den politischen Raum hinein, wenn es um rechtliche, finanzielle und strukturelle Weichenstellungen geht.

Sie listen eine Vielzahl von Institutionen und Organisationen auf. Aber was ist – um ein Diskussionsmotiv der vergangenen Jahre zu variieren – mit deren christlichem, katholischem Profil?

Mich hat eine Formulierung in Papst Benedikts erster Enzyklika *Deus caritas est* sehr beeindruckt. Das soziale Engagement der Christen, schreibt der Papst, müsse »absichtslos sein«. Einsatz für die Menschen um der Menschen willen, absichtslos im Hinblick auf kirchenpolitische Überlegungen. »Was die Mitarbeiter betrifft, die praktisch das Werk der Nächstenliebe in der Kirche tun, so ist das Wesentliche schon gesagt worden: Sie dürfen sich nicht nach den Ideologien der Weltverbesserung richten, sondern müssen sich von dem Glauben führen lassen, der in der Liebe wirksam wird (vgl. *Gal* 5,6). Sie müssen daher zuallererst Menschen sein, die von der Liebe Christi berührt sind, deren Herz Christus mit seiner Liebe gewonnen und darin die Liebe zum Nächsten geweckt hat. Ihr Leitwort sollte der Satz aus dem *Zweiten Korintherbrief* sein: ›Die Liebe Christi drängt uns‹ (5, 14). Die Erkenntnis, dass in ihm Gott selbst sich für uns verschenkt hat, bis in den Tod hinein, muss uns dazu bringen, nicht mehr für uns selbst zu leben, sondern für ihn und mit ihm für die anderen. Wer Christus liebt, liebt die Kirche und will, dass sie immer mehr Ausdruck und Organ seiner Liebe sei. Der Mitarbeiter jeder katholischen karitativen Organisation will mit der Kirche und daher mit dem Bischof dafür arbeiten, dass sich die Liebe Gottes in der Welt ausbreitet. Er will durch sein Teilnehmen am Liebestun der Kirche Zeuge Gottes und Christi sein und gerade darum absichtslos den Menschen Gutes tun« (*Deus caritas est*, 33).

Was folgt aus dieser biblisch-spirituellen Grundierung für Sie konkret?

Im November 2014 war ich Festredner bei der 125-Jahrfeier des »Seraphischen Liebeswerks« (SLW), einer kirchlichen Hilfsorganisation. Von den Kapuzinern gegründet und heute noch von ihnen getragen, wird das SLW jetzt von Laien geführt und geprägt. Im Leitbild dieser Einrichtung ist zu lesen: »Im Bewusstsein unserer christlichen Wurzeln und offen für die unterschiedlichen Anforderungen und Probleme im Wandel der Zeit erfüllen wir heute unseren Auftrag. Unser Grundsatz: Das fachliche Handeln ist ein Ausdruck unserer Christlichkeit.« Papst Benedikt schreibt dazu in der Enzyklika: »Die Helfer müssen so ausgebildet sein, dass sie das Rechte auf rechte Weise tun und dann für die weitere Betreuung Sorge tragen können. Berufliche Kompetenz ist eine erste, grundlegende Notwendigkeit, aber sie allein genügt nicht« (*Deus caritas est*, 31a).

Fachliche Qualität gibt es jedoch auch in anderen sozialen Einrichtungen. Dann also noch einmal und umso mehr: Was macht das spezifisch Christliche aus?

Die christliche Qualität, der christliche Geist muss sich in der Zuwendung zu den Menschen, im Umgang mit den Menschen und im kollegialen Umgang zeigen. Dabei soll dann auch spürbar werden, dass die Quelle der christliche Glaube ist. Natürlich gibt es etwa für das Krankenhaus in kirchlicher Trägerschaft auch entsprechende ethische Maßstäbe im Hinblick auf das ärztliche Handeln. Diese Berufsethik gilt aber auch für andere Berufe in diesen Einrichtungen und Angeboten. Sie zeigt sich für die Menschen jedoch nicht glaubwürdig dadurch, dass bei jeder Gelegenheit »das Katholische« beschworen wird, auch nicht durch die Regeln im Arbeitsvertrag, sondern dass in dem eben zitierten Sinn christlich gelebt und gehandelt wird. Das ist dann nicht der Anspruch auf einen Sonderstatus, auch keine Abgrenzung und indirekte oder direkte Abwertung von Einrichtungen in anderer Trägerschaft – es ist vor allem eine Selbstverpflichtung. Merkmal der christlichen Existenz ist die Verbindung von Gottes- und Nächstenliebe. In erster Konsequenz ergibt sich daraus, wie bereits gesagt, die Zuwendung zum Menschen – dem Nächsten und dem »Übernächsten« in der Welt – in Barmherzigkeit und Fürsorge. Für alle Lebens- und Handlungsfelder des Christen folgt dann als zweite Konsequenz: Gute Gesinnung allein genügt nicht, Kompetenz im Handeln muss hinzukommen.

Oder, um es mit Max Weber zu formulieren: Gesinnungsethik und Verant-
wortungsethik gehören zusammen. Man kann sagen, dass dies als leitendes
Prinzip in die Soziallehre der katholischen Kirche eingeflossen ist. Wie tarie-
ren Sie dieses Zueinander heute aus – angesichts eines sehr ausgebauten
Sozialstaats in Deutschland, aber auch angesichts eines umso krasseren Ge-
fälles sozialer Standards in anderen Teilen der globalisierten Welt?

Ich bin überzeugt, dass die katholische Soziallehre mit ihren
Prinzipien der Personalität, der Solidarität und der Subsidiarität
in unserer Zeit tief greifender Umbrüche neu Aktualität gewinnen wird. Und gerade in diesem Zusammenhang ist es wichtig,
deutlich zu machen, dass soziale Gerechtigkeit mehr ist als Fürsorge. Die Gerechtigkeit hat einen hohen moralischen Rang wie
kaum ein anderer Begriff und ist untrennbar mit der Würde des
Menschen verbunden. Gerechtigkeit ist auch ein Leitziel, das alle
Kulturen miteinander verbindet und damit wiederum ein gemeinsamer Nenner in der kulturell so unterschiedlich geprägten
Menschheit mit ihren Spannungen zwischen Kulturen und Völkern. Natürlich kann auch Gerechtigkeit buchstäblich missbraucht werden: als Waffe zur Abwehr von Forderungen, von
denen dann behauptet wird, sie seien ungerecht.

Was meint »Gerechtigkeit«?

Gerechtigkeit ist keine Zauberformel für richtiges Handeln und das Lösen
aller Spannungen. Es ist in den unterschiedlichen politischen Kulturen noch
nicht einmal selbstverständlich, dass Gerechtigkeit überhaupt eine grund-
sätzliche und unverzichtbare Orientierung darstellt. Eine Wirtschaftsord-
nung etwa, die primär vom Finanzkapitalismus geprägt wird, kennt solch
eine Orientierung nicht, die wesentlich auf der Anerkennung einer gleichwer-
tigen Beziehung verschiedener Akteure basiert. Und selbst wenn der Maß-
stab der Gerechtigkeit an sich anerkannt wird, ist es gerade bei diesem Be-

griff schwer, Einmütigkeit zu erzielen. Die einen verstehen Gerechtigkeit als Verteilungsgerechtigkeit, andere denken an Leistungsgerechtigkeit – und schon reden sie aneinander vorbei oder geraten in neue Konflikte. Welche Ausprägungen des Gerechtigkeitsbegriffs sind aus Ihrer Sicht gegenwärtig besonders wichtig?

Mit Blick auf unsere Gesellschaft besonders die Chancen- und die Generationengerechtigkeit; international die juristische, einklagbare Dimension der Gerechtigkeit. Anders formuliert: Der funktionierende Rechtsstaat, in dem alle gleiche Rechte genießen und das Recht auch durchgesetzt werden kann, ist fundamental für die Verwirklichung von Gerechtigkeit in einer Gesellschaft. Das ist mir in vollem Umfang erst durch die Erfahrungen auf Reisen in andere Kontinente bewusst geworden.

Gerechtigkeit, vor allem in Form der Verteilungsgerechtigkeit, kostet Geld. Nicht wenige sehen sie deshalb als Bedrohung der Wettbewerbsfähigkeit – betriebswirtschaftlich und nationalökonomisch. Sind Unternehmen und vor allem Volkswirtschaften mit ausgeprägter Verteilungsgerechtigkeit in der globalisierten Welt auf Dauer wettbewerbsfähig?

Die anhaltenden ökonomischen Krisen zeigen, dass die Gesellschaften, Volkswirtschaften und Staaten in solchen Zeiten der Veränderung am stabilsten sind, die eine auch in der Bevölkerung akzeptierte Verteilungsgerechtigkeit realisieren. Wenn aber auf Dauer mehr verteilt als erarbeitet wird, entwickelt sich eine andere Form von Instabilität, weil die Wettbewerbsfähigkeit verlorengeht. Wenn dann die Besitzstandswahrung dominiert, Reformunfähigkeit die Gesellschaft und die Politik prägt, entwickelt sich über einen anderen Weg früher oder später Instabilität. Dies zeigt, dass um das richtige Maß, vor allem um die richtige Ausprägung von Gerechtigkeit immer wieder aufs Neue gerungen werden muss und dabei die inneren Verhältnisse im Land und die internationale Entwicklung auf einen Nenner gebracht werden müssen.

Das sind Herausforderungen an unser Sozialstaatsdenken und an die Umsetzung der christlichen Soziallehre in konkretes politisches Handeln, die etwa im Zeitalter der Industrialisierung und der Arbeiterfrage als die Soziale Frage schlechthin so nicht gegeben waren. Deshalb müssen sich auch unser Denken und unsere Maßstäbe entsprechend weiterentwickeln.

Sie sagten, die Chancengerechtigkeit sei Ihnen besonders wichtig. Vor Jahren haben Sie dazu das Modell einer solidarischen Leistungsgesellschaft entwickelt. Was ist darunter heute zu verstehen?

Die Verbindung von Leistungsbereitschaft und Solidarität ist unter den Bedingungen unserer Zeit besonders wichtig. Das heißt zunächst einmal, dass wir große Veränderungen gestalten müssen, die große Anstrengungen erfordern. Das zeigt sich immer deutlicher bei den Auswirkungen der demografischen Entwicklung mit all ihren menschlichen, vor allem aber auch ökonomischen Konsequenzen im Hinblick auf das Solidarsystem der Generationen. Es zeigt sich in dem zunehmenden internationalen Wettbewerb um Arbeit und dem zunehmenden internationalen Wettbewerb in der Wirtschaft und – in der Auswirkung – im Wettbewerb um die Arbeitsplätze.

Eine nur leistungsorientierte Gesellschaft ist kalt, unbarmherzig, eine Welt der Stärkeren. Wenn nur in der Kategorie des sozialen Ausgleichs und der Solidarität gedacht wird, ist die Gefahr groß, dass die Fähigkeit zur Anstrengung und zur Weiterentwicklung, die Bereitschaft zur Veränderung mit all ihren Konsequenzen und Schmerzen verlorengeht. Dies bedroht aber dann wieder die Zukunftsfähigkeit des Landes. Für alle diese Varianten haben wir in Europa viele Anschauungsbeispiele mit den damit verbundenen schmerzlichen Erfahrungen. Auch im eigenen Land sind wir davon nicht unberührt. Auswirkungen der demografischen Entwicklung, weltweiter Wettbewerb, der Klimawandel, der notwendige Wandel von der Konsumgesellschaft zu einer zukunftsfähigen Kultur mit dem Prinzip Nachhaltigkeit wird eine Anstrengung und Leistung verlangen, die nicht geringer sein wird als der Wiederaufbau nach der Zerstörung des Krieges.

Der Sozialstaat – Gefahren und Bedrohungen

Aus der liberalen Weltsicht kann die intensive Ausprägung des Sozialstaats der Freiheit des Menschen entgegenstehen: Der Wohlfahrtsstaat mit seinen Segnungen wird zur Bedrohung einer Persönlichkeitsentwicklung, die auch auf individuellem Wagnis, auf Leistungsbereitschaft und -fähigkeit basiert.

Mit diesem Argument müssen wir uns in der Tat ernsthaft auseinandersetzen, auch im kirchlichen Raum. Es gibt immer wieder die Gefährdung, dass sich der Anspruch auf Solidarität vor dem Anspruch auf Eigenverantwortung entwickelt. Vor allem, wenn es ökonomisch scheinbar problemlos läuft, entsteht die Gefahr, dass sich die Solidarität im Wertgefüge der sozialen Marktwirtschaft vor die Eigenverantwortung schiebt. Dies ist nun nicht nur eine problematische Entwicklung im Hinblick auf Leistungsfähigkeit, es ist schleichend dann auch eine Gefährdung der Würde des Menschen. »Nicht den alles regelnden und beherrschenden Staat brauchen wir, sondern den Staat, der entsprechend dem Subsidiaritätsprinzip großzügig die Initiativen anerkennt und unterstützt, die aus den verschiedenen gesellschaftlichen Kräften aufsteigen und Spontanität mit Nähe zu den hilfsbedürftigen Menschen verbinden« (*Deus Caritas est*, 28 b). Deshalb müssen wir immer wieder sensibel darauf achten, dass die Solidarität nicht zur bevormundenden Fürsorge wird – vielleicht sogar, ohne dass dies eigentlich jemand gezielt wollte. Hier liegt die besondere Bedeutung der Chancengerechtigkeit: Um sie zu fördern, ist die Qualität des Bildungswesens so wichtig. Dabei ist wieder zu bedenken, dass Chancengerechtigkeit nicht Ergebnisgleichheit bedeuten kann.

Ist die Ökonomisierung aller Lebensbereiche und damit auch des Sozialstaats im Vergleich zu überbordender Fürsorge heute nicht die weitaus größere Bedrohung?

Die Ökonomisierung im Sozialstaat und ihre Auswirkungen auf die sozialen Dienstleistungen und das Gesundheitswesen ist aktuell in der Tat das größte ungelöste, aber auch schwer zu lösende Problem. In dem Maß, in dem durch die Umstellung des Systems der Honorierungen der Leistung ein Sozialmarkt entstanden ist, also ein Wettbewerb von Dienstleistern um ihre »Kunden«, sind zwar viele wertvolle neue Dienste für die Menschen entstanden. Es gab aber auch gravierende Fehlentwicklungen. Das bekannteste Beispiel dafür sind die minutiös getakteten Zeitvorgaben für Leistungen in der Pflege. Die freie Vergabe der Leistungen durch die Kostenträger für den Dienstleister, Verband oder Unternehmen, das mit dem besten Preis-Leistungs-Verhältnis diese Dienste anbietet, hat viel an Innovation gebracht, aber solchen Fehlentwicklungen eben auch Vorschub geleistet. Gerade in der Pflege oder in den inneren Anreizsystemen des Gesundheitswesens sind sie zu einer riesigen Herausforderung geworden.

Was sehen Sie als Auslöser dieser Entwicklung?

Die Eröffnung des Wettbewerbes mit der Entwicklung des Sozialmarktes hat vor allem zum Hintergrund, dass es vonseiten des Staates die Verpflichtung gibt, dass die Beiträge der Steuerzahler im Sozialstaat möglichst wirksam eingesetzt werden.

Jeder Steuerzahler möchte das auch so. Wie kann man nun aber in den sozialen Dienstleistungen möglichst wirtschaftlichen Einsatz der Mittel und möglichst menschliche Dienstleistung miteinander verbinden? Das ist das weithin ungelöste Problem.

Das jetzige System fördert eben auch gravierende Fehlentwicklungen. Zwei Beispiele für diesen Mechanismus aus der Jugendhilfe: Wenn eine Einrichtung kostendeckend nur bei voller Belegung arbeitet, müssen die Träger alles dafür tun, möglichst viele Kinder in ihrer Einrichtung zu haben. Ziel der Jugendhilfe sollte es jedoch sein, möglichst viele Kinder in ihrer familiären Umgebung zu belassen. Sodann bemisst sich der Erfolg der Erziehungsarbeit im Heim nicht an den Kosten, sondern am Aufbau von Beziehungsfähigkeit und der Fähigkeit des Kindes, etwa mit einer Traumatisierung so umzugehen, dass es ein eigenständiges Leben führen kann. Diese »Leistungserbringung« basiert auf Beziehungskompetenz und Vertrauen, lässt sich somit nicht materiell herstellen und messen.

Worin besteht der spezifisch christliche Beitrag?

Ich insistiere auch an dieser Stelle wieder auf der Frage nach der spezifischen Leistung, der spezifischen Kompetenz kirchlicher Dienstleister oder – ehrenamtlich – eben auch der Laienorganisationen.

In unserem Handeln muss die Sensibilität für dessen Qualität erhalten bleiben, konkret für die Zuwendung zum Menschen. Gleichzeitig bleibt der Druck der Kosten und der begrenzten Mittel. In dieser Situation ist es gewiss nicht damit getan, die Ökonomisierung zu beklagen. Negative Auswirkungen der gegenwärtigen Zustände im Sozialwesen sind auch die unglaubliche Bürokratisierung, die Kontrolldichte und der damit verbundene Zeitaufwand, der wieder für Pflegeleistungen verlorengeht. Wir müssen uns ganz intensiv damit auseinandersetzen, wie wir beide Anliegen – die Qualität der Leistungen und der wirtschaftliche Umgang mit zumeist öffentlichen Mitteln – bestmöglich miteinander verbinden können. Dafür wird es keine perfekte Lösung geben. Aber eine zumindest ansatzweise oder gar eine durchgreifende Verbesserung können wir nicht vom Staat oder der Politik erwarten. Sie muss von den freien Trägern, unter ihnen die kirchlichen, entwickelt werden. Darin sehe ich einen wichtigen Auftrag für die Weiterentwicklung unseres Sozialstaats. Unstrittig ist, dass die Pluralität der freien Träger und ihre Nähe zu den Menschen die notwendige Begleitung und Betreuung der Menschen und die innovative Weiterentwicklung besser leisten können als eine entsprechend einheitliche staatliche Dienstleistungsgesellschaft.

So plausibel das erscheinen mag, es klingt schon nach der Utopie der allseits gerechten, schönen Welt. Um ihrer Verwirklichung näher zu kommen, müssen die ökonomischen Ressourcen vorhanden sein. Christen sind meistens sehr lautstark im Ruf nach Gerechtigkeit und gerechter Verteilung. Aber wie steht es mit ihrem Engagement und ihrer Kompetenz, was die wirtschaftlichen Voraussetzungen für das Verteilen angeht?

Das besondere Engagement für die Gerechtigkeit, der Vorrang der Armen, ist sicher eine besondere Verpflichtung aus dem christlichen Glauben. Aber selbstverständlich müssen wir uns ebenso redlich damit auseinandersetzen, welche ökonomischen Grundlagen und Entwicklungen notwendig sind, damit jetzt, morgen und übermorgen die Schwachen und Hilfsbedürftigen im Hinblick auf die materiellen Leistungen und vor allem im Hinblick auf die Entwicklung ihrer Lebenschancen entsprechend wirksam gefördert werden können. Und hier haben wir eine Schwachstelle.

In der Tat sind wir Christen stark im Verteilen, aber eher nicht beim Erwirtschaften. Das ging mir wieder durch den Kopf, als im Februar 2014 der Text der ökumenischen Sozialinitiative *Gemeinsame Verantwortung für eine gerechte Gesellschaft* erschien. Das Papier befasst sich eingehend mit der möglichst gerechten Verteilung von Ressourcen in der sozialen Marktwirtschaft – mit Betonung auf der Begriffshälfte »sozial«. Es befasst sich aber kaum mit der anderen Hälfte: der Bedeutung des Marktes für Innovation, Weiterentwicklung und damit für Zukunftsfähigkeit in einem weltweiten Wettbewerb um Arbeit und Absatzmärkte. Wir haben häufig Schwächen, was die Eigengesetzlichkeit der Ökonomie und der Zukunftsorientierung betrifft. Das ist aber auch generell ein Problem unserer Gesellschaft mit ihrer Tendenz zur Besitzstandswahrung. Menschlich verständlich, aber nicht zukunftsweisend. Und es gibt noch eine weitere problematische Linie: Nach der christlichen Soziallehre ist das Subsidiaritätsprinzip grundlegend, der Vorrang der Eigenverantwortung und der bürgerschaftlichen Initiative vor dem staatlichen Handeln. Sehr häufig führen wir unsere Debatten einseitig auf den Staat ausgerichtet, ergehen uns in Forderungen an die Politik, sind – mit einem Wort formuliert – zu staatsgläubig.

Wie zeigt sich das konkret?

Das christliche Menschenbild hat grundlegend das Verständnis der Personalität, damit des Vorrangs der Eigenverantwortung vor dem Anspruch auf Solidarität. In unserer Gesellschaft hat sich der Anspruch auf Solidarität häufig vor die Zumutung der Eigenverantwortung geschoben. Das hat zu einer Verschiebung der Maßstäbe in der sozialen Marktwirtschaft geführt. Gerade in Stellungnahmen aus dem kirchlichen Raum nehme ich letztlich eine einseitige Orientierung an der Solidarität wahr, es gibt zu wenig Balance in Hinblick auf die Eigenverantwortung. Ich verstehe die Angst vor einem einseitigen Liberalismus, der vor allem die Freiheit der Starken vertritt. Wir dürfen aber in der Gegenreaktion nicht einseitig werden.

Welche Rolle und welche Bedeutung haben dabei die Realitäten des internationalen Wettbewerbs?

Die Internationalisierung unseres Wirtschaftslebens muss uns im Hinblick auf die Wünsche und das Handeln im eigenen Land zu folgender Einsicht führen: Wenn wir morgen und übermorgen in der Spitzengruppe der Länder mit guter Lebensqualität und guten Lebenschancen weiter dabei sein wollen, setzt das voraus, dass wir auch in der Leistungsfähigkeit unserer Volkswirtschaft und unserer staatlichen und demokratischen Systeme in der Weltspitzengruppe bleiben. Das klingt vielleicht abstrakt, aber es ist genau dieselbe Situation wie die einer Firma, die mit ihren Produkten im Export oder im Inland gegen Importprodukte bestehen muss. Die Leistungsfähigkeit der Konkurrenz ist gleichzeitig der Maßstab für die Notwendigkeit an Veränderungen und Weiterentwicklungen. Wenn wir als Kirchen für die Menschen auch Orientierungshilfe leisten wollen, müssen wir diese Zusammenhänge im Hinblick auf unsere eigenen Positionen und Forderungen entsprechend einbeziehen.

Dazu zählt auch, dass wir wie bei allem starkem Engagement für das Soziale die Bedeutung von Investitionen in Forschung und Entwicklung, für modernste Technologien und für Investitionen in die Infrastruktur in ihrer Bedeutung erkennen und dies im Ringen um die Verteilung der verfügbaren Mittel berücksichtigen.

Ich betone dies auch deshalb, weil ich mich als Politiker in Führungsaufgaben und als Repräsentant einer Regierungspartei immer wieder darüber geärgert habe, wenn aus dem kirchlichen Raum nur Wunschkataloge formuliert, die ökonomischen Voraussetzungen und Notwendigkeiten aber weitgehend ignoriert wurden.

Leiten und entscheiden – kleines Manual für Führungskräfte

Was zeichnet erfolgreiche Führungskräfte aus?

Wie wichtig sind Führungskräfte im Zeitalter der Demokratisierung und des allgemeinen Anspruchs auf Beteiligung und Mitbestimmung?

Ohne gute Führung gibt es auf Dauer kein gutes und erfolgreiches gemeinsames Handeln. Das gilt für alle Gemeinschaften und Organisationen, für Wirtschaftsunternehmen und für die Politik. Und es gilt gleichermaßen auch für unsere Kirche. Führungskräfte motivieren, ziehen bestimmte Kräfte an, blockieren andere. Das ist in unserer Kirche beim Wechsel der Päpste, von Bischöfen und Pfarrern zu beobachten. Die Qualität der Führungskräfte ist für die Kirche von genauso großer Bedeutung wie für jedes Unternehmen, für jede Partei, Gemeinschaft, das Gemeinwesen. Für die Demokratie und für den handlungsfähigen Staat kommt es ebenso sehr darauf an, wie unter den heutigen Bedingungen, einschließlich der Kommunikation durch das Internet, Bürgerbeteiligung und Führung bestmöglich verbunden werden können. Die richtige Verbindung von Beteiligung und Führung ist aber auch die Aufgabe für die Verantwortlichen in der Kirche und unseren Gemeinschaften.

Jetzt müssen wir etwas persönlicher werden: Sie wurden immer als Katholik in der Politik wahrgenommen. Sind Sie ein frommer Mensch? Und wie kann ein solcher überhaupt ein Akteur in der Politik sein? Den meisten Menschen erscheint beides als kaum vereinbar.

Mit dem Begriff »fromm« habe ich meine Schwierigkeiten. Wahrscheinlich, weil auch ich mir bei »fromm« eine Haltung vorstelle, die mehr in sich gekehrt ist, die mehr eine Distanz zur Welt bedeutet. Und irgendwie schwingt bei fromm auch frömmelnd mit. Damit will ich niemanden abwerten, aber das ist nicht meine Lebenshaltung, und es ist auch nicht mein Glaubensweg. Ich verstehe mich als gläubigen Menschen, und dies nicht »irgendwie«. Ich glaube und vertraue auf den Gott, der in seinem Sohn Jesus Christus Mensch geworden ist und sich uns offenbart hat. Dabei verstehe ich mich vor allem als Suchender, der immer unterwegs ist. Die Bilder des Pilgers und des wandernden Gottesvolkes sprechen mich besonders an. Die ganz und gar Selbstgewissen, die auf alles eine passende und scheinbar endgültige Antwort und Wahrheit haben, die ohne Fragen und Zweifel waren und sind, diese Menschen sehe ich mit großer Skepsis, sowohl in der Kirche und der Politik, eigentlich aber in allen Lebensbereichen. Die ganz Selbstsicheren entwickeln sich nicht mehr weiter. Sie haben meist auch wenig Verständnis für andere Erfahrungen, Positionen und Schlussfolgerungen. Das sind ihre Begrenztheit und ihre Gefährdung. Ich hoffe für mich, bis an mein Lebensende neugierig und lernfähig zu bleiben.

Was zeichnet die erfolgreiche Führungskraft aus? Gibt es für Sie den »Erfolgstyp«?

Jede Erfahrung zeigt, dass ganz unterschiedlich geprägte Persönlichkeiten erfolgreiche Führungskräfte sein können. Erfolgreich meint dabei: nicht gemessen an der eigenen Karriere, sondern an der Entwicklung des Unternehmens, der Partei, der Gemeinschaft, also der Einheit, für die die Führungskraft zuständig und damit auch verantwortlich ist. Das gemeinsame Merkmal erfolgreicher Führungskräfte ist, dass sie authentisch sind und damit glaubwürdig. Die Menschen spüren, dass sie nicht eine Rolle spielen, ihre erste Frage nicht ist: »Wie wirkt das?«, sondern dass sie aus einer Überzeugung heraus Position beziehen und Entscheidungen treffen. Nicht nur in der Kommunalpolitik bei der Wahl von Bürgermeistern und Landräten ist dieser Maßstab oft wichtiger als die Parteizugehörigkeit, auch bei Landtags- und Bundestagswahlen ist er bei den Spitzenkandidaten von immer größerer Bedeutung. Je komplexer die Sachverhalte sind, umso bedeutsamer wird die Vertrauensfrage an die jeweilige Person.

Gibt es umgekehrt für alle, die handeln und gestalten wollen, so etwas wie eine klassische, allgemeingültige Version des geistlichen Lebens? Eine Spiritualität für den »Tatmenschen«?

Auch da sage ich: Nein. Und ich füge hinzu: Zum Glück gibt es das nicht. Zwar haben die Menschen, von denen Sie sprechen, Gemeinsamkeiten: Sie verharren nicht bei »man müsste mal« oder »man sollte vielleicht«. Sie begnügen sich nicht mit mehr oder minder schlauen Analysen und belassen es nicht bei Appellen an andere. Aber auch diese handlungsorientierten Menschen haben ihre individuellen Prägungen, unterschiedliche Zugänge zu den Aufgaben, unterschiedliche Führungsstile und Erfahrungen. Deshalb haben sie auch zum geistlichen Leben unterschiedliche Zugänge und begehen verschiedene Wege. Etwas womöglich Verbindendes sehe ich in der Kombination von Aktion und Kontemplation: das eigene Handeln – oder Nichthandeln – geistlich zu reflektieren, das heißt, in der bewussten Beziehung zu Gott über das eigene Tun, die zugrunde liegenden Motive und Maßstäbe und insbesondere über den eigenen Umgang mit Menschen nachzudenken.

Wer vermittelt und erschließt solche Formen des geistlichen Lebens? Führungskräfte sind doch in allen Bereichen häufig in Grenzsituationen, in denen sie notwendigerweise abwägen müssen, Entscheidungen treffen, die ver-

antwortet werden müssen; sie leben häufiger in Spannungen und konkreten Konflikten. Mit allgemeinen religiösen und moralischen Appellen wird ihnen dabei wenig geholfen sein, wenn man ihre Bedingungen und ihre Welt nicht versteht.

Wir haben in unserer Kirche Formen der Seelsorge und Gemeinschaftsangebote, die speziell auf gesellschaftliche Gruppen, auf ein bestimmtes Alter oder eine besondere Lebenssituation zugeschnitten sind. Leider gibt es für Führungskräfte nur wenige Angebote. Und vor allem gibt es sehr wenige geistliche Menschen, die die realen Lebenssituationen von Führungskräften verstehen und sie entsprechend begleiten könnten. Dabei hat die Kirche in den Traditionen der Orden doch einen reichhaltigen Erfahrungsschatz, der menschlich, geistlich und in der fachlichen Kompetenz für Führungsaufgaben qualifizieren könnte.

Haben Sie für Ihre Führungsaufgaben, die Sie in sehr vielfältiger Weise und in den verschiedensten Funktionen ausgeübt haben und zum Teil weiter ausüben, beginnend in der Jugendarbeit über Jahrzehnte in der Politik bis hin zu Führungsaufgaben in gesellschaftlichen Gruppen und in der Kirche, Impulse bekommen?

Mein erstes Lernfeld war die katholische Jugend, konkret vor allem dann die Katholische Landjugendbewegung (KLJB), zunächst in der ehrenamtlichen Tätigkeit auf Kreis- und Diözesanebene, dann sieben Jahre als KLJB-Landessekretär in Bayern. Die Begegnung mit dem Programm und der Prägung der Landjugend brachte für mich auch eine »Glaubenswende«: Die Lösung aus dem Gehorsamsglauben, der in erster Linie ein Glaube an die Gebote der Kirche war. Er war geprägt von den Bedingungen des Milieus und einer Verkündigung, die in vieler Hinsicht mehr Drohbotschaft als Frohbotschaft war. Der Pionier der Katholischen Landjugendbewegung in Bayern, der

Landjugendseelsorger Dr. Emmeran Scharl, bezeichnete dies als einen Glauben, der mit Gott wie mit einem Geschäftspartner handelt: »Wenn du mir Glück und irdischen Segen schenkst, werde ich meine religiöse Pflicht erfüllen; wenn nicht, dann kündige ich meinen Dienst.« Das Leitmotiv der KLJB übrigens lautete schon damals: »Sehen – Urteilen – Handeln«. Das hat mich auf meinem ganzen Lebensweg begleitet.

Wann haben Sie dann begonnen, sich mit dem notwendigen Rüstzeug für Führungsaufgaben vertraut zu machen? Einfach lernen durch Tun – oder gezielter und systematischer?

Schon als Landessekretär der KLJB habe ich begonnen, mich systematisch mit den Bedingungen und Anforderungen für Führungsaufgaben zu befassen. Ganz wesentliche geistliche Impulse bekam ich in den folgenden Jahren vor allem aus dem Erfahrungsschatz der Benediktiner und der Jesuiten. Für meine Entwicklung waren Seminare und Lektüre mit diesem Hintergrund und Gespräche mit entsprechend geprägten Persönlichkeiten sehr wichtig. Sie hatten aufgrund ihrer beruflichen Arbeit sehr viele konkrete Erfahrungen und Einblick in die reale Situation von Führungskräften. Ihre Begleitung war nie bloß Appell, sondern Hilfe, sich selbst besser zu verstehen und berufliche Herausforderungen zu meistern.

Was waren und sind für Sie dabei die wichtigsten geistlichen Orientierungen?

Ich entdeckte immer mehr, wie zutreffend Søren Kierkegaards Wort ist: »Leben kann man nur vorwärts, das Leben verstehen nur rückwärts.« In der Reflexion von Situationen und des bisherigen Lebensweges wurde mir bewusst, dass alle wesentlichen Entwicklungen und Entscheidungen in meinem Leben mit der Begegnung mit Menschen oder mit der Orientierung an Menschen verbunden ist. Und damit habe ich immer häufiger Martin Bubers Aussage in Verbindung gebracht, dass

Gott zum Menschen spricht durch die Ereignisse und die Menschen, die er ihm in den Weg schickt, und dass es darauf ankommt, wie der Mensch darauf antwortet. Hier laufen also die beiden Lebenslinien für mich zusammen. Darin steckt für mich vor allem auch die geistliche Botschaft, die Situationen und Aufgaben anzunehmen und entsprechend den eigenen Möglichkeiten zu handeln, auch in dem Sinn, dass Talente und Fähigkeiten verpflichten.

Für das geistliche und ethische Fundament als Führungskraft habe ich entscheidende Orientierung bekommen durch Bücher wie »Benedikt für Manager« (Baldur Kirchner) und »Menschen führen, Leben wecken« (Anselm Grün). Für den Umgang mit Macht – für Führungskräfte ein besonders sensibles Thema – war das Buch »Macht ausüben« von Stefan Kiechle, dem gegenwärtigen Provinzial der Jesuiten in Deutschland, für mich sehr hilfreich. Idealismus allein ist jedenfalls keine ausreichende Basis für sachgerechtes und wirksames Handeln.

Welche Fähigkeiten, welche Einstellungen braucht es, um Führung übernehmen zu können?

Was ist aus Ihrer Sicht und auch aus Ihren Erfahrungen das wichtigste Element für die Entwicklung als Führungskraft?

Der wichtigste und gleichzeitig schwierigste Teil ist der Weg zu sich selbst, die Selbsterkenntnis und die Auseinandersetzung mit der eigenen Wirklichkeit, das Annehmen der Grenzen, der dunklen Seiten und das Entdecken der eigenen Möglichkeiten. Baldur Kirchner formuliert es in seinem Buch »Dialektik und Ethik« so: »Die persönliche Reife eines Menschen bildet sich in jenem Maße aus, indem es ihm gelingt, eine Beziehung zu seinem Wesen zu entwickeln.« Und Anselm

Grün betont in »Menschen führen, Leben wecken« immer wieder, dass, wer führen will, erst sich selbst führen können, und wer eine verantwortliche Aufgabe übernehmen will, sich erst dieser Selbstbildung stellen muss, »denn sonst wird er seine Führungsaufgabe ständig mit seinen nicht eingestandenen Bedürfnissen vermengen«. Und weiter sagt er: »Kriterien für die menschliche Reife sind innere Ruhe, die Gelassenheit, das Ganzsein, das Einssein mit sich selbst. Wer mit seiner Mitte in Berührung ist, der lässt sich nicht leicht verunsichern.«

Was ist für die Entwicklung von Führungskräften wichtig, welche Einstellungen oder welche Fähigkeiten sollten und müssen gezielt gefördert werden?

Grundlage ist die eigene Persönlichkeitsbildung, das heißt vor allem die Auseinandersetzung mit sich selbst. Der Weg zu sich selbst ist der anstrengendste, weil er oft mit unbequemen Erkenntnissen und notwendigen Schlussfolgerungen verbunden ist. Dazu gehört vor allem eine klare Orientierung, was mir für mein Leben wichtig ist. Wo setze ich die Prioritäten und aus welchen Gründen? Um dies auch im Alltag praktizieren zu können, braucht es handwerkliches Rüstzeug. Lothar J. Seiwert, einer der führenden Experten, beschreibt dies als sinnvolles Selbstmanagement für ein Leben in Balance (»Life-Leadership«). Der Wertekompass für die eigenen Maßstäbe und das eigene Handeln muss entwickelt und immer wieder neu überprüft werden. Dafür ist vor allem unser Menschenbild wichtig. Daraus ergibt sich der Umgang mit anderen Menschen, aber auch das eigenes Selbstwertgefühl. Gesinnung allein bewirkt nichts und genügt nicht. Alle »gesinnungsstarken« Menschen und Gruppierungen sind immer wieder in Gefahr, auf den moralischen Hochsitz zu klettern und aus dieser Position eigener Überlegenheit heraus anzuklagen, zu verurteilen und zu verdammen. Wenn wir in Debatten feststellen, dass Sachfragen mit den Kategorien »gut« oder »böse« verhandelt werden, ist das ein Alarmzeichen. Hier wird das Argumentieren durch Moralisieren ersetzt.

Auf dem Fundament der Persönlichkeitsbildung muss die Führungskraft dann eine Reihe von Kompetenzen erwerben. Selbstverständlich ist Fachkompetenz die notwendige Voraussetzung dafür, Aufmerksamkeit und Gehör zu finden, konkret mitgestalten zu können. Noch einmal: Gesinnung allein genügt nicht. Zur christlichen Ethik für Führungskräfte gehört die Verpflichtung, sich mit der Komplexität von Themen so auseinanderzusetzen, dass sie sachgerecht beurteilt werden können.

Ein weiterer Punkt: soziale Kompetenz, der Umgang mit Menschen. Das ist zunächst und vor allem eine Frage der Einstellung zu anderen, aber auch eine Anforderung an die eigenen Fähigkeiten zum Hören und zum Gespräch. Zur sozialen Kompetenz gehört zudem ganz wesentlich das Vermitteln der eigenen Positionen in verständlicher Sprache.

Nur durch Beharrlichkeit, durch ausdauerndes Engagement ist eine wirksame Einflussnahme möglich. Umfassendstes Wissen und höchste Überzeugungskraft nützen wenig ohne die Bereitschaft, bildlich gesprochen, einen Weg durch die Wüste zu gehen und Dürreperioden auszuhalten. Dies ist nur möglich, wenn man von einer Aufgabe überzeugt ist.

Für gemeinsames Handeln ist zudem Kompromissfähigkeit unerlässlich. Natürlich kann nicht Einigung um jeden Preis der Maßstab sein. Aber ohne die Bereitschaft, die gemeinsam tragfähige Basis zu suchen, ist gemeinsames Handeln nicht möglich. Die Alternative, die Herrschaft der Mehrheit ohne Willen zur Verständigung, ist blanke Machtausübung. Das kann kurzfristig »erfolgreich« sein, auf Dauer sicher nicht.

Eine gute Führungskraft sieht ihre Hauptaufgabe darin, emotional und strukturell die Voraussetzungen dafür zu schaffen und zu sichern, dass sich Fähigkeiten und Leistungsbereitschaft der Mitarbeiter bestmöglich entwickeln können. Das führt zu den besten Ergebnissen.

Und schließlich: Wer Zustimmung und Gefolgschaft will, muss Sinn vermitteln, also nachvollziehbar darlegen, warum diese oder jene Veränderung, warum diese Anstrengung notwendig ist. Das Notwendige verständlich zu machen, ist eine Bringschuld der Führungskräfte, gerade in schwierigen und unübersichtlichen Situationen. Damit verbunden ist ein weiterer Aspekt von wachsender Bedeutung: In einer zunehmend komplexen Welt wird die Glaubwürdigkeit von Führungskräften und Institutionen immer bedeutsamer. Wir alle sehen uns immer häufiger mit Sachverhalten konfrontiert, zu deren Beurteilung wir keine eigene Kompetenz haben. Umso mehr treffen wir unsere Entscheidungen aufgrund der Vertrauenswürdigkeit derjenigen, die in kontroverser Debatte für eine bestimmte Position stehen. Darum ist der allgemein festzustellende Verlust von Vertrauen gegenüber Institutionen und Führungspersönlichkeiten eine der großen Gefahren für die Zukunft unseres Gemeinwesens und unseres Staates. Was die Ursachen dieser Entwicklung betrifft, ist eine Schuldzuweisungen an das Führungspersonal zu einseitig. Dazu müssen wir uns auch mit der Maßlosigkeit an Erwartungen und an Kritik gegenüber den Personen des öffentlichen Lebens auseinandersetzen. Gelegentliche Selbsterkenntnis, wie bei den Nachbetrachtungen zu den öffentlichen Kampagnen gegen den damaligen Bundespräsidenten Wulff, ist ein deutlicher Hinweis auf diese problematische Entwicklung.

Das ist alles nachvollziehbar, aber es ist auch so anspruchsvoll, dass gerade gewissenhafte Menschen zögern werden, bei solchen Erwartungen Aufgaben und Verantwortung zu übernehmen.

Umso wichtiger ist es, das wir Menschen mit entsprechenden Fähigkeiten ermuntern, Aufgaben und Verantwortung zu übernehmen und sie dann auch stützen, selbst dann, wenn sie Fehler machen. Christen wissen, dass ihr Gott keinen perfekten Menschen verlangt. Wesentlich ist, dass wir nach bestem Wissen und Gewissen das uns Mögliche tun. Perfektion erwarten allenfalls andere Menschen oder wir selbst von uns. Ich bin sehr skeptisch gegenüber Menschen, die behaupten, sie würden alles aus reinem Idealismus tun.

Sie halten das nicht für integer? Echte Idealisten sind mit ihrem Charisma doch Leitfiguren von unschätzbarem Wert.

Zum christlichen Menschenbild und zur menschlichen Realität gehört das Unzulängliche. Wenn jemand behauptet, ihn leite der pure Idealismus, gibt es dafür eigentlich nur drei Erklärungen. Erstens: Der Betreffende zählt zu den schon im irdischen Leben Vollkommenen. Das muss man nicht völlig ausschließen, aber es ist höchst unwahrscheinlich. Die katholische Kirche setzt das nicht einmal bei denen voraus, die heiliggesprochen werden sollen. Wenn wir es aber nicht mit einem Heiligen auf Erden zu tun haben, muss man zweitens davon ausgehen: Er täuscht etwas vor, spielt eine Rolle, um Eindruck zu machen. Oder es bleibt schließlich drittens noch die Möglichkeit, dass einer sich nicht ehrlich mit sich selbst auseinandergesetzt hat, sich selbst und die eigenen Motive nicht ausreichend kennt oder sich ihnen nicht stellen will. Wir haben alle mehr oder minder gemischte Motive für unser Handeln. Dazu sollten wir auch stehen. Wir suchen und brauchen beispielsweise Anerkennung, wir brauchen Bestätigung.

Welche Unterschiede und welche Gemeinsamkeiten gibt es nach ihren Erfahrungen bei den Führungskräften in der Kirche, in Organisationen, in der Wirtschaft und in der Politik? Lassen sich Erfahrungen aus Organisationen oder in der Politik in die Kirche übertragen und umgekehrt?

Die grundsätzlichen Anforderungen an die Selbstorganisation, an die Einstellung zum Menschen und die Menschenführung, an die Bereitschaft und die Fähigkeit zur Kommunikation, die Bereitschaft, Verantwortung zu übernehmen und Entscheidungen zu treffen, gelten in allen Bereichen. Die fachlichen Bezüge sind unterschiedlich und natürlich auch die Anforderungen je nach Aufgabenbereich und Verantwortungsebene. Führen ist eine Lernaufgabe und eine Lernerfahrung wie in den Fachbereichen des Berufslebens. Im Berufsleben gibt es dafür vorgezeichnete Wege und entsprechende Angebote. Für den Weg in Führungsaufgaben kommt es vor allem auf Eigeninitiative und Lernbereitschaft an.

Zur leidvollen Erfahrung mit schwacher Führung gehören die Verschwendung von Zeit, Energie und Nerven in nicht enden wollenden Sitzungen. Als einem Spitzenpolitiker und Verbandsfunktionär braucht Ihnen das niemand eigens zu sagen. Aber was hält Ihr »kleines Manual für Führungskräfte« zu diesem Punkt bereit?

Zunächst einmal ein Lob der Gremienarbeit. Sie ist in allen Organisationen unverzichtbar, weil Menschen nur gemeinsam zu gemeinsamem Handeln kommen. Aber es stimmt: Qualität und Effizienz der Gremienarbeit lassen häufig sehr zu wünschen übrig. Sitzungen haben eher den Charakter des organisierten Zeitdiebstahls. »Sie tagen und tagen, und es wird nicht heller!« Dieses Bonmot kommt nicht von ungefähr, und es gilt nach meiner Erfahrung für die unterschiedlichsten Ebenen – von der örtlichen bis zur internationalen. Nach Möglichkeiten der Abhilfe gefragt, würde ich wiederum bei demjenigen beginnen, der Gremien vorsteht und Sitzungen leitet: Wer sich selbst nicht führen kann, kann auch andere nicht führen. Kardinal Franz Hengsbach, der erste Bischof des Ruhrbistums Essen, hat dafür einmal einen eigenen »Beichtspiegel« veröffentlicht. Die größten »Sünden« sind schlechte Vorbereitung, fehlende Zielorientierung, infolgedessen zeitraubende Gesprächsführung, Versäumnis präziser Ergebnisvereinbarungen, keine Nacharbeit. Führung hat handwerkliche Anteile, die man lernen kann. Das gilt im Besonderen für die Gremienarbeit. Natürlich ist die Art der Leitung abhängig von der Einstellung des Leitenden. Will er eigentlich nur Bestätigung für die eigene Position, wird sich das auf die Offenheit und die Qualität seiner Gesprächsleitung auswirken. Und wenn wir ehrlich sind, gilt für die Teilnehmer an Sitzungen, ob nun als Leiter oder einfaches Mitglied in der Runde, allzu häufig das heimliche Motto: »Meine Meinung steht fest. Bitte verwirren Sie mich nicht mit Tatsachen!«

In der Mediengesellschaft ist die Fähigkeit zur Außendarstellung eine Schlüsselkompetenz erfolgreicher Führung, und zwar in den unterschiedlichsten Kommunikationssituationen: vom Kurzstatement unter größter Zeitnot über das schnelle Interview bis zur großen öffentlichen Rede.

Führung verlangt die Bereitschaft, das alles zu erlernen. Und man kann bei aller Unterschiedlichkeit der Begabung Kommunikation erlernen, verbessern, trainieren. Sich verständlich zu machen, setzt aber nicht nur entsprechende Techniken voraus, sondern vor allem auch die Bereitschaft, sich in die Situation der Adressaten hineinzuversetzen. Dies gilt im Besonderen mit Blick auf den Erfolg von Verhandlungen. Zu den für mich wichtigsten Impulsen zählte der Hinweis in einem Seminar für Führungsnachwuchs, dass wir uns vor einem wichtigen Gespräch oder einer Verhandlung gedanklich auf den Stuhl des Gegenübers setzen sollten. Wie wird er reagieren? Warum so und nicht anders? Wie würde ich mich an seiner Stelle verhalten? Dies ist nicht nur eine Versuchsanordnung als Teil der Verhandlungstechnik, sondern es bedeutet, dass ich mich hineindenke und einfühle in einen anderen. Das hat sehr viel mit meinem Menschenbild zu tun und wirkt auf mich selbst zurück, etwa indem ich versuche, dem anderen, wo immer es möglich ist, eine Brücke zu bauen, damit er einen eigenen Standpunkt ohne Gesichtsverlust verändern oder ganz aufgeben kann. Gelingt mir das, habe ich für meine Anliegen einen Partner und nicht einen bleibenden Gegner gewonnen, der nur aufgrund von Macht, Mehrheiten oder anderen externen Gegebenheiten situativ klein beigibt, innerlich jedoch kocht und dann nur darauf wartet, es mir heimzuzahlen.

Was ist das Spezifische an Führungsaufgaben in der Kirche?

Gibt es in der Kirche und für die Laienarbeit Besonderheiten, etwa gegenüber den Führungsaufgaben im Berufsleben?

Ein großer Unterschied zur Führung in der Wirtschaft ist die Zusammenarbeit von Ehrenamtlichen und Hauptamtlichen. An dieser Konstellation scheitern übrigens die meisten der – ohnehin wenigen – Führungskräfte aus der Wirtschaft, die in die Politik gehen. Sie kaschieren das dann gern mit dem Vorwurf, ihren Mitarbeitern und auch ihrem Gegenüber mangele es an Professionalität. Der wahre Grund ist aber ein anderer. Das ist mir erstmals bei einem Freund bewusst geworden, der in der Arbeitswelt schon in jungen Jahren eine herausgehobene Führungsposition hatte, aber nach der Übernahme eines Vereinsvorsitzes mit seinem Vorstand zunächst überhaupt nicht zurechtkam. Aus der Arbeitswelt kannte er nur die Regeln und Beziehungen, die Anweisung erlauben und mit dem Instrumentarium von Positivanreizen (Gehaltstabelle, Karriereleiter) oder mit Sanktionen verbunden sind. Als Vorsitzender im Verein hatte mein Freund keine solche Handhabe gegenüber den anderen Vorstandsmitgliedern. Sie waren freiwillig, ehrenamtlich tätig, von seinen Weisungen unabhängig, vielleicht mit einer Ausnahme: vor Wahlen, in denen es auf die Unterstützung der Vereinsführung ankam. So konnte er nichts daran ändern, wenn er jemanden nicht zur aktiveren Mitarbeit bewegen konnte oder es gar mit Leuten zu tun hatte, die primär durch Quertreiberei und Störfeuer auffielen.

Ich selbst erfuhr schon in meiner Zeit bei der katholischen Jugend, wie unterschiedlich die Situation im Haupt- und Ehrenamt ist, und ich kenne beide Welten aus eigener Erfahrung. In unseren Verbänden haben die Ehrenamtlichen in den Gremien das Sagen. Sie können und sollen den Kurs bestimmen. Die Hauptamtlichen aber besitzen vielfach die höhere Sachkompetenz. Sie haben eine Dienstfunktion für die Gemeinschaft und deren ehrenamtliche Leitung, aber damit indirekt selbst eine wichtige Führungsaufgabe. Dies miteinander zu verbinden, ist für alle Beteiligten – die Ehrenamtlichen und die Hauptamtlichen – eine große menschliche Herausforderung.

Eine große Gefahr ehrenamtlichen Engagements ist die Einschätzung, gegenüber den Hauptamtlichen im Nachteil zu sein und weniger Einfluss zu haben. Das zeigt sich im oft schwierigen Verhältnis von Ehrenamtlichen und Hauptamtlichen etwa in sozialen Diensten. Hauptamtliche betrachten es als Abwertung ihrer fachlichen Kompetenz, wenn auch Ehrenamtliche bestimmte Dienste übernehmen. Ehrenamtliche dagegen gewinnen immer wieder den Eindruck, wenn es darauf ankommt, seien immer nur die Hauptamtlichen gefragt.

Die Kirche sollte demnach mehr für die Förderung von Führungskräften tun?
In den Verbänden und verschiedenen kirchlichen Organisationen geschieht schon sehr viel. Es besteht dort in der Regel auch eine große Durchlässigkeit, was die Weiterqualifizierung, aber auch die Lern- und Aufstiegswege von einfacheren Aufgaben bis in Spitzenämter betrifft. Das sind die internen Entwicklungen. Wir brauchen aber gezieltere Förderung für die Wege in das politische Engagement. Für die hauptamtlichen Positionen gelten heute natürlich auch die Standards von Ausschreibungen und formellen Bewerbungsverfahren. Ganz anders liegt der Fall bei den Weiheämtern.

Das heißt, hier geschieht zu wenig? Legt die Kirche zu wenig Wert auf Qualifikation oder haben für Geistliche ganz andere Maßstäbe zu gelten?
Das Problem beginnt schon bei der Personalauswahl. Gewiss, nicht jeder Priester muss die Eigenschaft zur Führungskraft haben. Alle sollten aber für Aufgaben in der Seelsorge eine Persönlichkeitsstruktur mitbringen, die sie für Menschen offen sein lässt und sie zur Kommunikation und zur Zusammenarbeit mit anderen befähigt. Da gibt es derzeit auch viele kritische Anfragen bei Zulassungen zur Priesterweihe.

Die Leitung einer Pfarrgemeinde, gar eines Pfarrverbundes und damit eines Seelsorgeteams und engagierter Laien erfordert darüber hinaus Führungseigenschaften und die Fähigkeit, im Team zu arbeiten, sowie Führungswillen. Es ist immer ein Problem und nicht selten ein Desaster, wenn an der Spitze nicht geführt, sondern bestenfalls moderiert wird. Führen heißt ja vor allem: zielorientiert denken und handeln können – und wollen. Die Gremien sollen keine Debattierclubs und auch kein Bildungswerk sein, sondern auf gemeinsames Handeln und auf Entscheidungen ausgerichtete Organe.

Nach allem, was an Klagen aus den Pfarrgemeinden zu hören ist, scheint der Führungswille insbesondere bei jungen Klerikern keineswegs unterentwickelt zu sein, im Gegenteil. Autoritäre Führung ist aber mindestens so schädlich wie wachsweiches Durchlavieren.

Natürlich! Und deshalb ist die Ausbildung zur Führungskraft so wichtig. Ansonsten ist die Flucht in die Extreme der wahrscheinliche Weg. Das ist über die Jahrzehnte in den verschiedensten Organisationsstrukturen genau meine Erfahrung mit Menschen, die in ihren Leitungsaufgaben überfordert sind: Sie flüchten zum Selbstschutz in autoritäre Verhaltensmuster. Oder sie lassen die Dinge treiben und leiden darunter. Ich räume aber ein: Nicht jeder ist für die mentalen und sachlichen Anforderungen einer Führungsaufgabe geeignet. Sie wird für diejenigen, die ihr nicht ausweichen können, zwangsläufig zu einer Last, derer sie nicht Herr werden können.

Sie sprechen von Erfahrungen in diversen Organisationen – also auch in der Kirche.

Hier sehe ich die spezifische Gefahr, dass Menschen nicht nach dem Prinzip der Eignung in Führungsaufgaben berufen werden, sondern nach dem der »rechten Gesinnung«. Die Flucht ins Autoritäre wird in der Kirche gern theologisch verkleidet, überhöht und durch Intransparenz verschleiert. Die Wurzel des Übels scheint mir ein verklemmter Umgang mit dem Thema »Macht« zu sein. Hören Sie in der Kirche je davon, dass der Klerus Macht hätte?

Im Kirchenlatein vielleicht. Da ist viel von potestas die Rede.

Doch pastoral wird immer nur vom »Dienen« gesprochen. Das ist auch nicht falsch. Das geistliche Amt ist seinem Wesen nach Dienst an Gott und den Menschen. Aber der Geistliche hat eben auch Macht – kirchenrechtlich, im sozialen Gefüge einer Kirchengemeinde oder eines Bistums, sogar spirituell.

Macht an sich ist nichts Anstößiges. Jede Einflussnahme auf einen anderen Menschen, jede Entscheidung ist eine Form von Machtausübung. Macht ist grundsätzlich weder gut noch schlecht. Wo immer Entscheidungen zu treffen sind, muss jemand das tun und die Verantwortung dafür übernehmen. Ansonsten ist es Schuldigwerden durch Nichtstun.

Immer noch aber ist Macht in der Kirche ein weithin verdrängtes und daher umso drängenderes Problem. Damit müssen wir uns gerade in unserer Kirche unbefangener und ehrlicher auseinandersetzen. Die geistliche Reflexion von Macht und Verantwortung ist eine der zentralen Erfordernisse für Führungskräfte im kirchlichen Raum. Dafür gibt es auch sehr hilfreiche und empfehlenswerte Literatur aus der Tradition unserer Orden – bis hin zu einem Impuls aus der antiken Philosophie, der Macht und Dienst ins Verhältnis setzt. Von Marc Aurel ist dazu der Satz überliefert: »Der Sinn der Macht liegt im Dienst an der Gemeinschaft.«

Engagement und Eigeninitiative – Anpacken statt Anklagen!

Kreative Minderheiten – Motor der Innovationskraft in einer Gesellschaft

Sie betonen immer wieder die Bedeutung des zivilgesellschaftlichen Engagements von Christen. Welche Wirkung schreiben Sie diesem Tun im Zeitalter des Internets und der Globalisierung zu?

Zivilgesellschaft ist die international gebräuchliche Terminologie für gesellschaftliches Engagement des Einzelnen und gemeinsames Handeln von Gruppen. Ich bevorzuge aus unserer Tradition heraus und für unsere Situation den Begriff der Bürgergesellschaft.

Warum? Bürgergesellschaft tendiert doch dazu, in einem ständischen Sinn missverstanden zu werden oder – im Rückgriff auf die Klassengesellschaft – als Bezeichnung jener Ober- und Mittelschichten, deren Aktivität vor allem in den Städten durchaus bedeutsam war, es heute aber nicht mehr ist. Aktuell ist das Bürgertum in diesem Sinn ähnlich bedeutsam – besser: bedeutungslos – wie der Adel.

Ich plädiere trotzdem für das Leitbild »Bürger« in dem Sinn, in dem wir ja auch vom »Staatsbürger« sprechen. Denken Sie nur daran, dass jene Engagierten, die in Diktaturen Position beziehen, Konflikte aushalten, Entwicklungen anstoßen, aus gutem Grund »Bürgerrechtler« genannt werden. Sie nennt auch niemand »Zivilgesellschaftler«. Der Begriff der Zivilgesellschaft entstand im Gegenüber zum Staat in Ländern, in denen die Herrschenden zu verhindern suchen, dass sich eigenständige, unkontrollierte, freie Vereinigungen etablieren. Als Opponenten in solchen Zivilgesellschaften agieren die

Bürgerrechtler. Natürlich bleibt es dabei, dass international der Begriff Zivilgesellschaft gängig ist, darüber brauchen wir uns hier auch nicht zu streiten. Aber »Bürger« ist eben heute nicht mehr eine Beschreibung für eine Gesellschaftsschicht, sondern für eine Haltung. Bürger sind Menschen, die sich für das Gemeinwesen mitverantwortlich fühlen.

Begriffe hin oder her – welche politische Relevanz hat denn nun in unserer freien Gesellschaft das so oder so bezeichnete Engagement?

Auf einen Nenner gebracht: Politisch relevant wird nur das, was vorher in der Gesellschaft relevant geworden ist. Und in der Gesellschaft wird relevant, also wirksam, was durch engagierte Menschen und durch engagierte Gruppen angepackt wird. Alle neuen Entwicklungen kommen von unten, gehen zunächst von Einzelnen aus, die aus einer Außenseiterposition neues Denken und neues Handeln vorschlagen, verlangen oder exemplarisch vorleben. Neues entsteht nicht oder jedenfalls nur ganz selten in den Großorganisationen, also praktisch nie von oben. Ich nenne als Beleg hierfür stellvertretend die Entwicklung des Umweltschutzes und der Umweltpolitik. Weitere Beispiele sind die Entwicklung in der Behindertenhilfe oder die Hospizbewegung. Ebenfalls bemerkenswert: In all diesen Fällen wurden genuin christliche Anliegen zunächst außerhalb der kirchlichen Strukturen aufgenommen. Erst mit zeitlicher Verzögerung sind sie dann in die Kirche eingewandert. Ich sehe darin einen Beleg dafür, dass christliche Werte auch außerhalb des verfassten Christentums verwirklicht werden. Zugleich ist es ein Hinweis darauf, dass es in der Gesellschaft immer wieder Verbündete für christliche Anliegen gibt.

Pioniere haben es gemeinhin schwer. Aber wenn ihre Idee überzeugend und die Zeit dafür reif ist, finden sich Menschen, die sich damit identifizieren. Die Innovationskraft einer Gesellschaft hängt ganz wesentlich davon ab, ob sich die Kreativität der Menschen entwickeln und entfalten kann und ob der Staat das fördert oder zumindest zulässt. Die kommunistischen Regimes sind daran erstickt, dass sie hier versagt haben. Trotz all ihrer Unzulänglichkeiten besteht die eindeutige Überlegenheit der Demokratien gegenüber den Diktaturen genau darin: im Freiraum für kreative und innovative Prozesse. Ähnlich ist es im Übrigen im Wirtschaftsleben: Nur wenn in einem Unternehmen die kreativen, praxisnahen Entwickler Freiraum und Förderung erfahren und das Management ihre Ideen aufgreift und durchsetzt, bleibt die Firma zukunftsfähig.

Was heißt das im Hinblick auf das Engagement von Christen in der säkularen Gesellschaft und für die Rolle und die Wirksamkeit kirchlicher Gemeinschaften in der modernen Welt?

Es bedeutet, dass wir auch als eine zahlenmäßige Minderheit Einfluss nehmen können: durch überzeugende Konzepte und entschlossenes und dauerhaftes Engagement. Als These formuliert: Die Entwicklungen werden von zwei Minderheiten geprägt, den engagierten Kreativen und den wachen Führungsfiguren. Für das Rollenverständnis und das Selbstbewusstsein der Christen ist diese Einsicht insofern von großer Bedeutung, als sie dann angesichts ihres Verlusts an äußerlichem Einfluss nicht mutlos werden müssen. In die kirchliche Sprache übersetzt: Gerade als Minderheit sind Christen »Sauerteig« in der Gesellschaft. Die Umsetzung unseres christlichen Engagements in praktische Politik hängt dann wieder wesentlich davon ab, inwieweit es im politischen Raum Menschen gibt, die sich unsere Werte und Positionen zu eigen machen. Früher sprach womöglich allein die Zahl der Christen für sich. Die Parteien und politischen Entscheider kamen an ihnen nicht vorbei. Diese Zeit ist erkennbar vorbei. Das Gegenargument, dass die Bundesbürger nach wie vor mehrheitlich einer der beiden großen christlichen Konfessionen angehören, ist schon deshalb nicht stichhaltig, weil sich beispielsweise »die Katholiken« keineswegs geschlossen nach der »Amtskirche« richten. Eine explizite Wahlempfehlung der Bischöfe etwa wäre heute für eine Partei eher von Nachteil.

Der »Flaschenhals« für die Umsetzung einer Idee in die politische Praxis ist demnach in der Demokratie am Ende nicht ihre Plausibilität oder ihre konzeptionelle Strahlkraft, sondern ihre Mehrheitsfähigkeit.

Daran ist überhaupt nichts Anrüchiges. Die Schwierigkeit sehe ich eher in einer Trägheit des politischen Diskurses und in der Rezeptionsfähigkeit der politischen Parteien. Deren Innovationskraft bemisst sich genau daran: Nehmen sie Neuerungen aus der Gesellschaft oder der Wissenschaft auf? Verbinden sie externes Wissen mit politischer Kompetenz zu konstruktivem Handeln? Es ist keine Abwertung, wenn ich sage, dass Parteien aus sich selbst heraus wenig kreativ sind. Dies liegt vielmehr ganz einfach an den Handlungszwängen unter den Bedingungen des politischen Tagesgeschäfts, das einer Rundumbeanspruchung gleicht, die kaum Freiräume lässt. Je schnelllebiger unsere Zeit wird, je mehr die rasante Geschwindigkeit des Informationszeitalters Aktion und Reaktion diktieren, umso größer ist die Gefahr der Kurzatmigkeit. Die Gestaltungskraft der Parteien hängt ganz wesentlich davon ab, dass sie keine geschlossene Gesellschaft, kein geschlossener Betrieb werden.

Welche nachvollziehbaren Beispiele gibt es dafür?

Etwa die soziale Marktwirtschaft. Sie wurde nicht in der Politik entwickelt, sondern in der Wissenschaft, in der »Freiburger Schule«. Durch Politiker wie Ludwig Erhard, Alfred Müller-Armack und andere wurde dieses Wissen in die Politik transferiert, und im Zusammenspiel von wissenschaftlicher Arbeit und politischer Gestaltungsmöglichkeit wurde daraus Wirklichkeit. Das Wissen der Wissenschaft allein verändert nichts. Ohne dieses Wissen aber hätte die Politik kein Modell zur Verfügung gehabt. Aus eigener Erfahrung kenne ich die Entwicklung einer neuen Agrarpolitik in den 1960er-Jahren, die als Reaktion auf die Strukturveränderungen durch die Mechanisierung entstand und eine Explosion der Produktivität und der Freisetzung von Arbeitskräften nach sich zog. Wir waren mit der Katholischen Landjugendbewegung Bayern ein Motor für die Entwicklung einer neuen Agrarpolitik mit einem neuen Leitbild für die Landwirtschaft: dem »bayerischen Weg« der Partnerschaft von Voll-, Zu- und Nebenerwerbsbetrieben, von Landwirtschaft und Industrie und der Erweiterung der Agrarpolitik hin zu einer Gesamtkonzeption für den ländlichen Raum. Nach vielen Widerständen wurde dies die Grundlage der europäischen Agrarpolitik. Ich kann diese Entwicklung im Bereich des Umweltschutzes und der Umweltpolitik seit ihren Anfängen mit dem Europäischen Naturschutzjahr 1970 aus eigener Kenntnis gut belegen.

Sie gehörten in der Tat zu den ersten Umweltpolitikern in Deutschland. Welche Rolle haben für Sie damals politische Kräfte außerhalb der Parteien gespielt?

Die fachlichen Konzepte für den Umweltschutz wurden in diversen Fachkreisen entwickelt, die mit den Parteien nichts zu tun hatten. Sie wären aber politisch wirkungslos geblieben, wenn es nicht zum einen die engagierten Bürger und zum anderen dann doch die Parteien gegeben hätte, die für ihre Arbeit und deren Ergebnisse offen waren.

Die Bürgergesellschaft also als Innovations- und Kreativressource der Politik?

Das ist ein Teilaspekt, aber es geht noch um mehr. Für mich ist das Konzept einer »aktiven Bürgergesellschaft« ein grundlegender gesellschafts- und staatspolitischer Ansatz, der den Leitideen der katholischen Soziallehre mit Personalität, Solidarität und Subsidiarität in besonderer Weise entspricht. Gerade die immer häufiger auftretenden Krisen der Wachstumsgesellschaften werden uns in eine grundsätzliche Auseinandersetzung über die künftige Rolle und die Aufgaben des Staates zwingen. Die Richtungsentscheidung heißt: Wollen wir die Aufgaben der Gegenwart und der Zukunft durch noch mehr staatlichen Einfluss, noch mehr Regelungsdichte und Intervention bewältigen? Messen wir Gerechtigkeit immer mehr am Umfang der finanziellen Umverteilung? Oder gehen wir den Weg einer neu belebten Sozial- und Bürgerkultur mit dem Vorrang der Eigenverantwortung für die persönliche Lebensgestaltung, einer größeren Verantwortungsbereitschaft für die Mitmenschen und das Gemeinwesen? Geben wir der Initiative des Einzelnen und gesellschaftlicher Gruppen mehr Freiraum?

Sie meinen, es gilt: privat vor Staat?

Das ist mir zu kurz gegriffen. Aktive Bürgergesellschaft bedeutet eine neu ausbalancierte Verantwortungsgemeinschaft von Bürger und Staat. Wir müssen aufhören, bei jedem Problem und bei jeder Aufgabe sofort nach dem Staat zu rufen. Wir müssen auch im Sinne der christlichen Soziallehre Eigenverantwortung und Solidarität austarieren beziehungsweise in rechter Weise abwägen. Und ich bin überzeugt, dass das Subsidiaritätsprinzip gerade für die moderne Welt von wachsender Bedeutung ist, sowohl im Hinblick auf die Bedingungen und Auswirkungen der Globalisierung wie auch für die Förderung der solidarischen und der innovativen Kräfte in der Gesellschaft. In diesen Strukturen und mit dieser Zielsetzung können wir uns als kirchliche Gemeinschaften und als Einzelne einbringen. Gerade weil die Zeit vorbei ist, in der der Großorganisationen für die Meinungsbildung und für den Einfluss in der Politik weitreichende Bedeutung zukam, wachsen auf diesem Weg neue Chancen. Das ist christlicher Weltdienst.

Was bedeutet das Potenzial einer »kreativen Minderheit« übertragen auf die Kirche?

Wir haben bislang über die Bedeutung des bürgerschaftlichen Engagements für die Gesellschaft gesprochen. Wie steht es umgekehrt mit dem bürgerschaftlich-ehrenamtlichen Engagement in der Kirche von morgen?

Auch für die Kirche gilt, dass ihr Gemeinschaftsleben vom ehrenamtlichen Engagement getragen ist. Das wird noch zunehmen. Eine »Klerikerkirche« hat keine Zukunft.

Ihr Wort von den kreativen Minderheiten angewandt auf die Kirche: Wie viel »Außenseitertum« kann und will sie sich leisten?

Ein Blick in die Kirchengeschichte zeigt, dass auch dort das Neue immer von Persönlichkeiten kam, die anfangs als Außenseiter galten, die oft sogar bekämpft wurden – um später heiliggesprochen zu werden. Die Reformbewegungen in Krisenzeiten der Kirchen waren alle widerspenstig, unbequem und ungelegen, sie wurden ausgegrenzt und verfolgt. Durchsetzen konnten sie sich, wenn ihre Protagonisten nicht nur ein in sich schlüssiges, überzeugendes Programm vertraten, sondern auch über Generationen hinweg einen langen Atem hatten. Und es mussten in der Leitung der Kirche Menschen vorhanden sein, die die Impulse aufnahmen und ihnen mit den entsprechenden Gärungs- und Läuterungsprozessen Raum zur Entfaltung gaben.

Ihre Beschreibung lässt sich unschwer auf die Geschichte der Orden bezie-
hen, insbesondere auf die der Franziskaner oder der Jesuiten. Gibt es auch
in der jüngeren Kirchengeschichte Anwendungsfälle?

Beispielhaft stehen dafür Papst Johannes XXIII. und heute
Papst Franziskus. Johannes XXIII. hat mit charismatischer
Unbekümmertheit und einem tiefen Gottvertrauen »die Fens-
ter geöffnet«, die Bedingungen dafür geschaffen, dass der
schöpferische und kreative Geist des Zweiten Vatikanischen
Konzils wehen konnte. Dessen Forderungen und Ergebnisse
kamen nicht aus »heiterem Himmel«. Es hatte vorausgehend
eine lange Phase der inneren Wegbereitung durch verschiedene geistige Strömungen und kirchliche Gruppierungen gegeben. In Deutschland steht dafür beispielhaft die liturgische Bewegung, aber auch das, was die große Theologengeneration
der damaligen Zeit konzipiert hat. Dies alles konnte aber erst
zur Entfaltung kommen, als die Kirchenleitung, namentlich
eben Johannes XXIII., dafür die Bedingungen schuf.

Diese Päpste sind die bekannten Beispiele. Doch es gibt
überall in der weltweiten Kirche Frauen und Männer, die
neue Wege erschließen, oft verbunden mit der Erfahrung des
Widerstandes und des Außenseitertums.

Sie haben auch Papst Franziskus genannt. Sehen Sie ihn als den Johannes
XXIII. für das 21. Jahrhundert?

Jede Zeit hat ihre besonderen Bedingungen, und die beiden
Päpste sind in ihrer Persönlichkeit unterschiedlich. Aber es ist
auch ganz eindeutig spürbar, dass Papst Franziskus wieder in
ähnlicher Weise in unserer Kirche den Raum schafft, dass der
Geist, der weht, wo er will, sich entfalten kann. Der Verlauf der
außerordentlichen Bischofssynode zu Fragen der Familie ist
dafür exemplarisch. Es ist aber auch in vielen anderen Bereichen spürbar, dass sich eine neue Lebendigkeit entwickelt.

Gleichzeitig nehmen ähnlich wie zu der Zeit des Konzils die Spannungen zu, die unvermeidlich sind, wenn unterschiedliche geistige und geistliche Kräfte in Widerstreit geraten.

Wie schlagen sich diese Spannungen im organisierten Laienkatholizismus, im ZdK nieder?

Es gibt bei uns eine große Bandbreite sowohl bei den innerkirchlichen als auch bei den gesellschaftspolitischen Fragen. Zur Mitarbeit sind alle eingeladen. Der Katholikentag in Regensburg 2014 war gerade in dieser Hinsicht eine besonders positive Erfahrung: Weil Menschen und Gruppen aus dem konservativen Spektrum dort waren, die bisher die Katholikentage mieden, gab es viele fruchtbare Begegnungen. Nicht von ungefähr gerät das ZdK immer wieder in ein Spannungsverhältnis zur Bischofskonferenz – die ihrerseits ja auch keine geschlossene Einheit ist. Vor zwanzig Jahren wurde im Zentralkomitee das Grundsatzpapier »Dialog oder Dialogverweigerung« beraten und beschlossen, das zu massiven Verstimmungen mit der Bischofskonferenz geführt hat. Nach den Erfahrungen der letzten zehn Jahre darf oder muss man leider feststellen, dass es zu manchen Fehlentwicklungen gar nicht erst gekommen wäre, wenn über die Vorschläge des Papiers eine konstruktive Verständigung möglich gewesen wäre. Die Entwicklung in Limburg und die Debatten über mangelnde Gremienbeteiligung und mehr Transparenz bei den Finanzen sind dafür Beispiele. Auch über Themen wie das Diakonat der Frau, die Weihe von bewährten verheirateten Männern zu Priestern oder die künftigen Seelsorgestrukturen in den Pfarreien hätten wir besser ohne all die bekannten Animositäten viel früher und viel offener sprechen sollen. In der jüngsten Zeit hat sich, nicht zuletzt durch den Dialogprozess, alles in allem eine konstruktivere Situation ergeben. Aber wir brauchen in unserer Kirche dauerhaft das unruhige Element, die offene Diskussion, auch die Kontroverse. Deshalb müssen wir unsere Arbeit, die Inhalte, die Arbeitsweisen immer wieder selbstkritisch hinterfragen. Auch wir brauchen immer wieder die Herausforderung von außen.

Trotzdem bleibt der Eindruck, dass die engagierten Laien häufig nur den Status von Lückenbüßern haben. Das werden sich auf Dauer nur die wenigsten gefallen lassen.

Ohne Zweifel entscheiden die echten Mitwirkungsmöglichkeiten über das künftige Engagement der Laien im kirchlichen Leben. Anerkennende Worte allein genügen nicht. Wir rühmen kirchlicherseits das Subsidiaritätsprinzip als Modell für die säkulare Gesellschaft, pflegen innerkirchlich aber weithin noch einen extremen Zentralismus.

An welchen Beispielen lässt sich diese Behauptung belegen?

Ich nenne die Finanzverfassung der Kirche und in den meisten Diözesen sicher auch das Bauwesen. Aus einigen wird berichtet, dass örtlicher Sachverstand beim Bau eines Pfarrheims oder der Renovierung des Pfarrhofs kaum gefragt ist. Das demotiviert die Betroffenen. Wenn wir ihren Erfahrungen dann noch gegenüberstellen, in welchem Maß dieselben Leute im gleichen Lebensraum – etwa in der kommunalen Selbstverwaltung – ihr Umfeld mitgestalten und dafür Verantwortung übernehmen, liegen Welten dazwischen. Selbstverständlich kann auch im Bereich der Kommunalpolitik mit Geld nicht willkürlich umgegangen werden. Dafür gibt es Regeln und Aufsichtsorgane. Aber innerhalb des so gesetzten Rahmens bestehen große Handlungsspielräume für Gemeinden, Städte oder Landkreise. Mehr Freiraum nach unten würde auch in der Kirche zu unterschiedlichen Entwicklungen führen. Aber das wäre innovativ, anregend und motivierend für Leute mit

Gestaltungskraft und Verantwortungsbereitschaft. Dafür muss man freilich das allgegenwärtige ängstliche Kontrollbedürfnis aufgeben.

Werden diese Menschen in nichtkirchlichen Zusammenhängen denn wirklich besser behandelt und höher geschätzt?

Auch außerhalb der Kirche erschöpfen sich Würdigung und Anerkennung zu oft in Sonntagsreden. Dabei bestimmt das Ehrenamt unsere Lebensqualität.

Das müssen Sie näher erläutern.

Den wahren Wert einer Sache erkennen wir oft erst, wenn sie uns abhandenkommt. Wahrscheinlich ist vielen die ehrenamtliche Tätigkeit, die eigene oder die anderer, so selbstverständlich, dass sie sich der gesellschaftlichen und politischen Bedeutung nicht bewusst sind. Deshalb lade ich zu einer kleinen Denkübung ein: Stellen wir uns einmal das Leben in unserem heimatlichen Umfeld ohne das gesamte ehrenamtliche Engagement vor. Es gäbe keinerlei Vereinsleben mehr, weil niemand mehr da wäre, der die Vorstandsarbeit machen würde, es gäbe keine Freizeitangebote mehr im Sport, in der Kultur, in der Vielfalt sozialer Tätigkeiten, keine Freiwillige Feuerwehr, nichts von alledem, was Ehrenamtliche eben leisten. Leider sind das keine reinen Hirngespinste. Wenn wir in den Berichten von den Jahreshauptversammlungen der Vereine lesen, bei denen Neuwahlen anstehen, dann wiederholt sich ständig die Klage über die Schwierigkeit, überhaupt noch Kandidaten für Vorstandsposten zu finden.

Kulturpessimisten sagen, das sei das Signum unserer Zeit mit ihrer Individualisierung und Fragmentierung.

Die Situation ist sehr widersprüchlich, denn alle Untersuchungen zeigen auch, dass weiterhin viele Menschen ehrenamtlich tätig sind, zwar häufig befristet und projektbezogen, aber sehr wohl auch in den traditionellen Formen, wenn sie sinnerfüllend für sie sind und sie dort Anerkennung bekommen. Eine Anerkennungskultur ist das Fundament einer lebendigen Ehrenamtskultur.

Veränderte soziale Strukturen – und die Antwort bürgerschaftlichen Engagements

Zu den Merkmalen unserer gesellschaftlichen Entwicklung gehört auch die Veränderung der sozialen Strukturen, vor allem der Familie. Kennen Sie darauf innovative Antworten bürgerschaftlichen Engagements?

Als Reaktion auf die demografische Entwicklung sind neue Formen von Familien- und Generationensolidarität entstanden. Viele junge Eltern haben die eigenen Eltern, die ihnen bei der Betreuung der Kinder helfen könnten, nicht in der Nähe, und die Großeltern können sich dementsprechend selten um ihre Enkel kümmern. Daran knüpfen Netzwerke an, die die Generationen jenseits der familiären Beziehungen miteinander in Verbindung bringen: in der Kinderbetreuung, der Mitarbeit in Kitas, bei Begegnungen zwischen Kindergartenkindern und den Bewohnern von Seniorenheimen. Es gibt nicht wenige Initiativen unter dem Motto »Zeit schenken«, von der Nachbarschaftshilfe bis zum Krankenhausbesuchsdienst.

In den vergangenen Jahren haben sich auch Netzwerke der Solidarität zwischen Senioren auf der Basis von Genossenschaften entwickelt. Die Gruppe der Senioren umfasst heute eine Altersspanne von drei Jahrzehnten. Viele dieser Menschen sind vital, sie haben Erfahrung und Kompetenz einzubringen und sind dankbar, wenn sie noch gebraucht werden. Und es gibt genug Menschen, die Hilfe brauchen. Darauf beruhen die unterschiedlichsten Formen gegenseitiger Hilfe nach dem alten Prinzip: »Einer für alle, alle für einen«. Selbsthilfegruppen für Menschen mit ähnlichen gesundheitlichen oder sozialen Problemen sind andere Beispiele.

Immer mehr Kommunalpolitiker erkennen, dass die Unterstützung solcher Initiativen zwar nicht zu den gesetzlichen Pflichtaufgaben der Kommune gehört, aber ebenso wichtig ist wie Straßenbauten und die sonstigen Maßnahmen für die Infrastruktur.

Auch die Hospizbewegung ist eine bürgerschaftliche Initiative jüngeren Datums. Gegenwärtig haben wir in unserem Land eine intensive und teilweise heftige Debatte um Sterbebegleitung und »organisierte Sterbehilfe« durch Beihilfe zum Suizid. Der Bundestag will als eine Antwort auf diese Debatte und auf die Entwicklungen in der Medizin den Ausbau der Palliativmedizin parteiübergreifend vorantreiben. Dafür muss die Politik die entsprechenden Rahmenbedingungen schaffen, der Bundestag die entsprechenden Gesetze beschließen. Wie rasch werden dann den Menschen in ganz Deutschland die heutigen Möglichkeiten der Palliativmedizin, der Palliativpflege und der Begleitung durch die ehrenamtlichen Hospizdienste tatsächlich zur Verfügung stehen?

Mit den Beschlüssen des Deutschen Bundestages müssen die rechtlichen Grundlagen für die verbindlichen finanziellen Leistungen der Leistungsträger (Krankenkassen und andere) geschaffen werden. Damit ist aber noch nirgendwo ein ambulanter Palliativdienst eingerichtet oder eine stationäre Einrichtung eröffnet. Denjenigen, die Begleitung und Hilfe brauchen, wird diese erst zugänglich, wenn engagierte Menschen vor Ort die Strukturen dafür schaffen und entsprechend ausgebildetes Personal zum Einsatz kommt. Ohne eine starke Welle bürgerschaftlichen Engagements wird es nicht gelingen, diese so dringend notwendige Entwicklung voranzutreiben und diese so wichtigen Angebote zu den Menschen zu bringen. Es braucht die Verantwortungsgemeinschaft von Staat und Bürgern mit verteilten Aufgaben, aber gemeinsamem Handeln. Weder die Politik noch bürgerschaftliches Engagement allein bringt die notwendigen Ergebnisse.

Sie setzen auf ein hohes Maß an Idealismus in der Gesellschaft.

Wir müssen uns eine Dimension bürgerschaftlichen Engagements bewusst machen, die jenseits der Pragmatik liegt: Wer sich engagiert, gewinnt für sein Leben, denn er macht in aller Regel die Erfahrung, dass er mehr zurückbekommt, als er gibt. Viele haben im Rahmen des Projektes »Aktive Bürgergesellschaft« feststellen können, dass sie Fähigkeiten entwickelt haben, die sie sich ohne ihre ehrenamtlichen Aufgaben nicht angeeignet hätten: etwas zu organisieren, Menschen zu führen, vor anderen zu sprechen. Viele berichten, sie hätten in ihrem Engagement Menschen kennengelernt, die ihr Leben bereichert haben. Wir entwickeln unsere Fähigkeit in der Beziehung zu anderen. Dies gilt nicht nur für den Säugling oder das Kleinkind, sondern in jeder Phase, lebenslang. Für das ehrenamtliche Engagement ist es gefährlich, wenn immer nur von Selbstlosigkeit und Idealismus geredet wird. Vielleicht geschieht das auch nur, um die eigene große Gesinnung zu demonstrieren. Gerade auf junge Menschen wirkt das abschreckend. Deshalb ist es so wichtig, beim ehrenamtlichen Engagement das Motiv der Bereicherung für das eigene Leben herauszustellen.

Aus der Umweltbewegung kommt das Motto »global denken und lokal handeln«. Sind die »Aktive Bürgergesellschaft« und das Subsidiaritätsprinzip im Zeitalter der Globalisierung und der wachsenden Sehnsucht darauf die Antwort?

Das bürgerschaftliche Engagement, gesellschaftspolitisch im Sinne der »Aktiven Bürgergesellschaft«, ist eine Umsetzung des Subsidiaritätsprinzips der katholischen Soziallehre als Strukturprinzip und als Verantwortungsprinzip.

Die kleinen Einheiten sind das soziale und staatsbürgerliche Lernfeld. In ihnen erleben wir die Folgen unseres Verhaltens und Tuns, und dort wächst auch Verantwortungsbereitschaft. Dies wirkt der Entwurzelung der Menschen in der modernen Gesellschaft, der inneren Heimatlosigkeit entgegen. Die Erfahrung im Osten unseres Landes zeigt, dass junge Menschen anfällig werden für Parolen radikaler Vereinigungen, wenn sie nicht in Gemeinschaften beheimatet sind. »Heimat« bedeutet letztlich nicht eine schöne Landschaft, sondern ist davon abhängig, ob wir bei Menschen zu Hause sind. Die Stärkung der kleinen Einheit über die lebendige Bürgergesellschaft ist ein wichtiges Gegengewicht zu den Bedingungen einer globalisierten Welt, die sich immer schneller dreht und in der Orientierung und Verwurzelung des Einzelnen oft verlorengeht.

Werte – Verlust oder Wandel?

Geld regiert die Welt?

»Geld regiert die Welt«, sagt die Alltagserfahrung, und die Weltwirtschaft mit der Herrschaft des Finanzkapitals scheint sie zu bestätigen. Sind die vielen Wertedebatten nicht nur die einschläfernde Begleitmusik? Welchen Wert haben Werte?

Die jeweils dominanten Wertvorstellungen einer Kultur oder einer Zivilisation bestimmen deren Entwicklung, weil sie das Handeln der Menschen bestimmen. Unsere Wertvorstellungen prägen, wie wir mit unseren Möglichkeiten umgehen. Das gilt für das Geld, für die moderne Technik. Die schweren Fehlentwicklungen im Finanzkapitalismus der Weltwirtschaft haben ihre Ursache in den Wertvorstellungen, die den Umgang mit Geld bestimmt haben.

Sie meinen: die Geldgier der Finanzmanager?

Das ist ein wesentlicher Grund für die Fehlentwicklungen, und diese Haltung führte dazu, dass sich nach dem akuten Schock und den Bekenntnissen zur notwendigen Veränderung nur bedingt etwas verändert hat. Nach wie vor gelten in vielen Bereichen der internationalen Bankwelt die falschen Anreizsysteme. Führt der riskante Einsatz von Kapital zum Erfolg – wenn oft auch nur sehr kurzfristigem –, gibt es für die Akteure in der Bank hohe Erfolgsprämien und entsprechende Perspektiven für die Karriere. Geht das Spiel schief, muss der Spieler dafür nicht haften. Damit sind wir wieder beim eigentlichen Problem: dass die entsprechenden Wertvorstellungen die Strukturen prägen und dass in diesen Strukturen auch diejenigen ihre liebe Not haben, die von ihrer persönlichen Haltung her andere Maßstäbe und andere Entwicklungen bejahen.

Das bedarf einer Erklärung. Kommt es nicht umgekehrt zum Freispruch des Einzelnen, wenn wieder die Strukturen ursächlich sind – und das Individuum deren Gefangener, ein »Opfer des Systems« ist?

Es ist nicht nur für die Finanzkrise wichtig, den Zusammenhang und die Wechselwirkungen zwischen Strukturen und die Entwicklung der inneren Kultur in dem Unternehmen oder in der Organisation zu sehen. Nicht umsonst wird immer wieder von der Bedeutung der Unternehmenskultur für das innere Gefüge und die Zukunftsfähigkeit eines Unternehmens diskutiert. Das gilt auch für die Kirche. Der renommierte Kirchenhistoriker Professor Dr. Hubert Wolf hat im Zusammenhang mit der Debatte um die gerade auch von Papst Franziskus so heftig kritisierten Missstände in der römischen Kurie herausgearbeitet, dass die eigentliche Ursache nicht im Fehlverhalten einzelner Amtsträger liegt, sondern in den Strukturen, den damit verbundenen Arbeitsweisen und dem »Betriebsklima«, weshalb nach seiner Überzeugung nur eine umfassende Strukturreform Heilung bringen kann. Es liegt wohl im Wesen der menschlichen Natur mit ihren Unzulänglichkeiten und Grenzen, dass es einen engen Zusammenhang zwischen gelebten Werten und den Strukturen gibt.

In Bezug auf Werte sehe ich eine Art »Wirkungskette«: Aus dem, was mir persönlich oder der Gesellschaft wichtig ist, ergeben sich die Leitbilder. Sie bestimmen letztlich den Einsatz der verfügbaren Ressourcen. Für das, was uns wichtig ist, setzen wir unsere Finanzmittel ein, dafür nehmen wir uns Zeit. In Hinblick auf die Gesellschaft und die Politik gilt, dass der Einsatz von Steuergeld Auskunft gibt über die tatsächlichen Wertsetzungen – nicht nur über die bloß behaupteten. Wie wichtig sind beispielsweise Bildung, soziale Gerechtigkeit, Umweltschutz, Zukunftsinvestitionen? Aus solchen Prioritätensetzungen leiten sich dann die Regeln und Strukturen für unser Leben ab, privat wie auch für Gesellschaft und Staat.

Oder für die Wirtschaftsordnung.

Die soziale Marktwirtschaft hat eine andere Wertorientierung als der Finanzkapitalismus. Gemeinsam sind ihnen die Bedeutung und die Nutzung der Innovationskraft von Wettbewerb und Markt. Der entscheidende Unterschied ist aber, ob dies im Dienst des Menschen steht, ob die Würde des Menschen und die soziale Gerechtigkeit maßgeblich sind oder bloß die Mehrung des Geldes. Von diesen Leitbildern hängt auch ab, wer in der Gesellschaft welchen Rang hat und wessen Handlungsstrategien als erstrebenswert und erfolgversprechend gelten: die des Cleveren, der mit möglichst wenig Anstrengung überall möglichst viel herausholt? Oder die desjenigen, der persönlichen Erfolg an soziale Verantwortung bindet?

Auf die Frage nach den Schuldigen für die Finanzkrise haben Sie davor gewarnt, vorschnell auf die Manager zu zeigen. Jetzt führen Sie mit dem Cleveren einen Menschentypus ein, der ähnlich charakterisiert zu sein scheint. Inwiefern führt das weiter?

Weil es erkennen lässt, was auf den Finanz- und Kapitalmärkten – wie auch andernorts – passiert, wenn der Anspruch auf Freiheit und Selbstbestimmung von der Bereitschaft zur Verantwortung getrennt wird. Die Idee vom behänden, leichthin erzielten Erfolg hat den Wandel vom längerfristigen zum kurzfristigen Denken verstärkt. Solange Erfolg so konnotiert ist, wird es unmöglich sein, Korrekturen durchzusetzen oder den Kurs zu ändern. Natürlich spielen wirtschaftliche Interessen und vor allem wirtschaftliche Macht in der internationalen Entwicklung eine große Rolle.

Respekt und Einfühlungsvermögen – Schlüsselwerte in einer hitzig geführten Diskussion

Welche Bedeutung haben nach Ihrer Überzeugung Werte und Wertkonflikte in der internationalen Entwicklung?

In der Vergangenheit gab es nach dem Zusammenbruch des Kommunismus sowohl die These »Ende der Geschichte« im Sinn solcher Konflikte und auf der anderen Seite die These vom »Kampf der Kulturen«. Jetzt werden immer heftigere Debatten über die Verteidigung von Werten geführt, insbesondere nach dem schrecklichen Attentat in Paris. Die Gefahr der Islamisierung wird beschworen, und die Auseinandersetzung zwischen Russland und Europa im Konflikt um die Ukraine wird auch zunehmend als ein Wertekonflikt beschrieben.

Die Ursachen vieler Konflikte – insbesondere der global spürbaren – sind aber meistens eine Gemengelage von Wertkonflikten, ethnischen und religiösen Auseinandersetzungen, dem Kampf um Rohstoffe, Lebensräume, Einflusssphären. Die Geschehnisse im Irak nach dem Einmarsch der US-Amerikaner, aber auch in Afghanistan und anderswo haben vor allem damit zu tun, dass wir die Bedeutung von Werten und die damit verbundenen kulturellen Muster nicht richtig einschätzen. Wir unterstellen dort eine bestimmte Zweckrationalität und den Nutzen des Augenblicks als bestimmend für das Handeln aller Beteiligten. Das stimmt jedoch noch nicht einmal für unsere westliche Welt, und es stimmt noch sehr viel weniger für andere Gesellschaften mit ihren abweichenden kulturellen und religiösen Traditionen.

Welche Schlussfolgerungen ergeben sich daraus für die internationale Politik?

Ein friedliches Zusammenleben der Völker ist auf Dauer nur möglich, wenn wir lernen und wenn alle Beteiligten lernen,

143

sich mehr in die kulturellen Prägungen und Wertvorstellungen der jeweils anderen Kulturkreise hineinzudenken, sich mit Einfühlungsvermögen und Respekt damit auseinanderzusetzen. Das heißt selbstverständlich nicht, dass wir alle diese Werte für gut befinden müssen, aber sie sind auf jeden Fall Realität für das Handeln der Menschen und für Veränderungsprozesse, etwa im Hinblick auf die Rolle der Frau oder die Entwicklung zu Demokratien. Es geht nicht darum, die einzelnen Wertvorstellungen zu beurteilen, aber wenn wir den Menschen anderer Kulturen nur mit Hochmut und Überlegenheitsattitüde begegnen, brauchen wir uns nicht darüber zu wundern, dass wir sie nicht als Partner gewinnen und dass friedliche Konfliktlösungen so schwierig sind. Wenn wir uns bewusst machen, dass wir unsere Demokratie auf die im Grundgesetz verankerten Werte gründen (und eben nicht nur auf demokratische »Spielregeln«), dass wir von »europäischen Werten« sprechen, und wenn wir gleichzeitig daran denken, dass Faschismus, Nationalsozialismus oder Kommunismus durchaus auch ihr »Wertesystem« hatten mit unmittelbaren Folgen für das Handeln der Mächtigen und den Weg ganzer Völker, dann wird uns vielleicht leichter verständlich, warum der Appell an »unsere Werte« keineswegs genügt, um internationale Konflikte zu befrieden und Verständigung herbeizuführen.

Auch hier möchte ich noch einmal die Frage nach der Konkretisierung mit Blick auf die Christen, die christlichen Kirchen, die katholischen Laienorganisationen stellen.

Für uns folgt aus dem Gesagten vor allem, dass wir uns selbst auf die Werteprägungen anderer Religionen und Kulturen einlassen und daraus Gemeinsamkeiten für ein friedliches Zusammenleben ableiten müssen. Das ist eine zentrale Aufgabe für den Dialog der Religionen und der Kulturen. Hans Küng hat im Zusammenhang mit seinem »Projekt Weltethos« sicher zu Recht gesagt, dass Frieden zwischen den Völkern nicht möglich ist ohne Frieden zwischen den Religionen. Dabei geht es nicht um eine Wischi-Waschi-Einheitsreligion, sondern um die Suche nach dem gemeinsamen Maßstab für das gesellschaftliche und politische Zusammenleben.

Die katholische Kirche ist mit ihren Hilfswerken bei den Pionieren der Entwicklung der internationalen Solidarität und Zusammenarbeit. Die katholischen Gemeinschaften und Verbände leisten seit Jahrzehnten wirksame Hilfe für die soziale Entwicklung und zunehmend auch für die Entwicklung der – hier benutze ich jetzt bewusst diesen Begriff – Zivilgesellschaft. Wahrscheinlich müssen wir uns auch noch viel intensiver mit den kulturellen Prägungen und ihren Langzeitwirkungen bei den Menschen auseinandersetzen. Das soziale Engagement, die soziale und ökonomische Entwicklung als alleinige Aufgabe – das reicht nicht mehr. Die Situation wird dadurch nicht einfacher, dass durch den Einzug moderner Technik in bislang vorwiegend traditionelle Gesellschaften überall auf der Welt die internen Konflikte über die Nutzung vorhandener Ressourcen, politische Prioritäten und gesellschaftliche Leitbilder an Intensität zunehmen.

Eine besondere Spannung entwickelt sich ganz offensichtlich zwischen »dem Westen« und der Welt des Islams. Nach dem europäischen Freiheitsverständnis muss beispielsweise die kritische Auseinandersetzung mit Inhalten und Vertretern einer Religion in satirischer Form möglich sein, entsprechend der Vorstellung einer uneingeschränkten Freiheit des Wortes und des Bildes. Für die Muslime in Deutschland und Europa ist dies schon schwierig genug zu verkraften, erst recht fühlen sich Muslime in anderen Kulturen, die vom Geist der europäischen Aufklärung wenig berührt sind und ihn womöglich meiden wollen, durch Satire schnell provoziert und reagieren abwehrend bis aggressiv. Sollen wir deshalb unser Freiheitsverständnis überdenken oder gar einschränken?

Natürlich musste die Satire-Zeitschrift »Charlie Hebdo« nach dem mörderischen Terroranschlag von Paris im Januar 2015 wieder erscheinen, und sie musste sich auch der Vernichtungsdrohung durch islamistisch motivierte Gewalttäter widmen. Ich habe trotzdem ein mehr als zwiespältiges Gefühl. Eine Freiheit, die keine Rücksicht kennt für das, was anderen Menschen heilig und wertvoll ist, ist für mich keine große zivilisatorische Errungenschaft. Die Abgrenzung des Freiheitsraums von der Sphäre des Respekts ist zugegebenermaßen schwierig, das zeigt sich schon im deutschen Strafrecht mit dem sogenannten »Gotteslästerungsparagrafen«. Bei genauer Betrachtung zielt die Rechtsnorm auf die Störung des öffentlichen Friedens und ist in der Praxis weitgehend wirkungslos, was selbst die Bundesregierung eingeräumt hat. Umso dringlicher ist mein Bedenken: Ist es ein kultureller und zivilisatorischer Fortschritt, eine grenzenlose Freiheit, die dann auch Freiheit ohne Verantwortung für die Folgen wäre, zum Maßstab zu machen?

Das ist eine rhetorische Frage.

Ja. Ich hielte es für fatal, wenn dieses Freiheitsverständnis zur Signatur unserer Kultur erhoben und auch so gefeiert werden würde. In der emotional aufgeladenen Situation wie nach den Anschlägen von Paris ist es schwierig, die notwendigen Differenzierungen in der Debatte zur Geltung zu bringen. Aber zum Freiheitsverständnis unserer Kultur gehört es auf jeden Fall, auch darüber offen zu diskutieren, ohne dass es sofort zu Verdächtigung und Ausgrenzung kommt. Die kritische Selbstreflexion ist gerade nach unserem Verständnis von Freiheit und Verantwortung eine ganz wichtige Fähigkeit, die wir kultivieren müssen.

Vor allem aber sollten wir gründlich überlegen, ob wir die allermeisten Muslime, die sich vom religiös motivierten islamistischen Terror distanzieren und mit den Opfern verbunden fühlen, mit Aktivitäten, die sie gleichzeitig verletzen, am Ende nicht in falsche Solidarisierungen treiben. Vielleicht sind solche Überlegungen nicht genuin Sache der Karikaturisten und Satiriker, wohl aber aller anderen gesellschaftlichen und politischen Akteure.

Ideologieanfällig und leicht zu missbrauchen: Werte im Wandel

Wir haben an anderer Stelle schon davon gesprochen, dass in der Vergangenheit Faschisten, Nationalsozialisten und Kommunisten versucht haben, ihre politische Ideologie als eine Art Ersatzreligion darzustellen. Ist in den gegenwärtigen politischen Konflikten eine Neuauflage zu beobachten?

Politische Strategen wissen, welche Wirkkraft religiöse oder genauer pseudoreligiöse Ideologien für das Handeln der Menschen haben. Damit werden Werte immer wieder aufs Neue für ganz andere Zwecke eingesetzt. Die Argumentationsmuster des russischen Präsidenten Wladimir Putin weisen auf etwas Derartiges hin, beispielsweise in dem Hinweis, dass die Krim der »Tempelberg« der Russen sei, also dieselbe national-sakrale Bedeutung habe wie die heiligen Stätten in Jerusalem für die Juden und die Muslime. Putin deklariert seinen Kurs vor allem als eine Konfrontation mit den »westlichen Werten«. Dies zwingt dazu, dass wir uns unsererseits mehr damit auseinandersetzen, was denn nun in der Substanz unsere »westlichen Werte« sind.

Entgegen einer verbreiteten Selbstwahrnehmung im Westen lautet die Zuschreibung von außen nicht selten, dass der höchste und wichtigste Wert unserer Wohlstandsgesellschaften die Besitzstandswahrung sei. Sind wir tat-

sächlich bereit und fähig, unsere »westlichen Werte« gegen diesen – empi-
risch durchaus begründbaren Verdacht – überzeugend zu verteidigen?

Jedenfalls wird uns die internationale Entwicklung dazu zwingen, uns mehr damit auseinanderzusetzen, welche Werte uns tatsächlich wichtig sind. Wir sehen selbst, wie schnell zentrale Werte – das Selbstbestimmungsrecht der Völker, der Vorrang des Rechts vor der Gewalt – »um des lieben Friedens willen« aufs Spiel gesetzt oder gar geopfert werden. Da reicht schon die Angst vor einer »Islamisierung Europas« samt mehr oder weniger diffusen Abwehrreaktionen. Daher brauchen wir wieder eine klärende Wertedebatte: Was ist uns für unser Zusammenleben wirklich wichtig?

Es scheint so, als kämen darüber noch nicht einmal die Katholiken in Deutschland untereinander überein. Wie ist es möglich, dass Putins national-nationalistisch getöntes Paktieren mit der Führung der orthodoxen Kirche Russlands von einem rechten Spektrum der deutschen Katholiken als Aufbäumen gegen den »Werteverfall« in Europa gerühmt und unterstützt wird?

Ich sehe das als ideologisches Scharnier zwischen dem konservativen Katholizismus und dem rechtspopulistischen politischen Milieu. Für beide avanciert Putin gewissermaßen zum Verteidiger des »christlichen Abendlands«, zum letzten Kreuzritter, der unerschrocken gegen die Verirrungen der Moderne zu Felde ziehe, wie Berthold Kohler in der »Frankfurter Allgemeinen Zeitung« geschrieben hat: gegen Homo-Ehe, Gender-Mainstreaming, Conchita Wurst ... Sein Bekenntnis zu den »alten Werten« beeindrucke zunehmend jene, die sich »heimatlos im eigenen Land« fühlen, so Kohler. »Putin schlüpft für sie gerne in die Rolle des heiligen Georg, der dem Drachen des ›Werteverfalls‹ mit Lanze und Schwert entgegentritt. Erstaunlich ist, wie wenig es manche Konservative interessiert, dass Putin auf seinem Kreuzzug mit seinen gepan-

zerten Füßen auf Werten und Prinzipien herumtrampelt, die
ebenfalls zu ihrem Wertegebäude gehören: Freiheit, Selbstbestimmung, Herrschaft des Rechts« (FAZ, 28.11.2014).

In diesem Ungeist sind dann auch Katholiken aus
Deutschland zu Kongressen in den Kreml gefahren. Dabei
müsste doch für Christen die gleiche Würde aller Menschen
Möglichkeiten und Grenzen von Gemeinsamkeit markieren.
Dass dies bei solchen Besuchen und Schulterschlussbekun-
dungen keine Rolle spielt, ist mir unbegreiflich.

Das ist freilich nicht nur ein Defizit bei Christen. Ich bin
der Überzeugung, dass wir uns in Hinblick auf die internationalen Entwicklungen und das Zusammenleben der Völker viel
intensiver mit den unterschiedlichen kulturellen Prägungen
und den sich daraus ergebenden Konsequenzen für die Haltung und das Handeln der Menschen auseinandersetzen müssen. Nicht, um vom Hochsitz der Moral aus die anderen zu
belehren, sondern um Entwicklungen besser zu verstehen.

*Haben Sie den Eindruck, dass wir oder gar der ganze Westen zu wenig Ein-
fühlungsvermögen und zu wenig Respekt gegenüber anderen Kulturen haben? Und wenn es so ist – was ist nach Ihrer Meinung die Ursache dafür?
Überheblichkeit? Oder zu einseitiges rationalistisches Denken?*

Ich habe den Eindruck, dass die große Schwäche unseres Denkens und Verstehens die einseitige Dominanz der Welt der Zahlen geworden ist. Bei uns hat alles Gewicht, was sich in Zahlen
ausdrücken lässt. Aus den Zahlen lässt sich dann auch der jeweilige Nutzen dieser oder jener Entwicklung ableiten. Das
Messbare, das in Zahlen Erfassbare ist unserem Denken zugäng-
licher. Damit lässt sich konkret und wirksamer argumentieren.

Tun Sie es!

Ich komme noch einmal zurück auf die Anfänge der Umweltpolitik in den 1970er-Jahren. Seinerzeit ist mir bewusst gewor-

den, dass der technische Umweltschutz und der Naturschutz ein gemeinsames Anliegen haben, aber mit einem kaum kompatiblen Vorverständnis an die gleiche Sache gehen. Worum es dem technischen Umweltschutz geht, lässt sich messen und zählen, etwa der Grad der Luftverschmutzung, der Gewässerverschmutzung, der Lärmbelastung. Das ist eindeutig, das ist konkret, und die Veränderungen sind ebenfalls in Zahlenkolonnen darstellbar. Für die Anliegen des Naturschutzes – die Bedeutung von Lebensgemeinschaften im Naturhaushalt, die Schönheit einer Blume oder einer Landschaft, der »Nutzen« eines Vogels – gilt das alles nicht. Wollte man versuchen, ökonomische Berechnungen zu erstellen, um etwa den »Nutzen« eines Vogels im Naturhaushalt als Transporteur von Samen zu ermessen, führte das gefährlich in die Irre: Wieder würde der Wert mit Nützlichkeit gleichgesetzt. Der Eigenwert alles Lebendigen und der kulturellen Leistung, der Erlebnischarakter, kurzum alles, was jenseits von Angebot und Nachfrage ist, lässt sich nicht messen. Dabei handelt es sich genau um das, was unser Leben erst lebenswert macht. Die Kräfte, die unser Leben wirklich bewegen – Liebe und Hass, Streit und Versöhnung und vieles andere mehr –, sind in diesen rationalistischen Denkkategorien nicht erfassbar. Die Reduzierung auf Zahlen und auf Nützlichkeit führt zur Ökonomisierung aller Lebensbereiche. Dies hat gravierende negative Auswirkungen auf Entwicklungen im Sozialstaat und im Bildungswesen. So steht in der Bildungsdebatte mittlerweile das testfähige Wissen im Mittelpunkt und immer weniger die Persönlichkeitsbildung. Kulturelle Werte werden schleichend auf Verwertbarkeit reduziert.

Die Werte, genauer: der Stellenwert von Werten ist keine unveränderliche Größe. Seit Längerem gibt es eine kontroverse Debatte, ob wir einen Werteverlust, einen kulturellen Niedergang erleben, was vor allem vom konservati-

ven Spektrum beklagt wird, oder ob wir, neutral verstanden, in einem Wandel begriffen sind, in dem andere, neue Werte an die Stelle bisheriger treten. Welcher Deutung neigen Sie zu?

Die Ergebnisse der Sozialforschung zeigen, dass sich Werte in ihrer Bedeutung für die Menschen mit deren Lebenssituationen und -erfahrungen verändern. Die anhaltenden Krisen und die damit verbundenen Unsicherheiten beeinflussen die Prioritätensetzung. Die Menschen suchen heute wieder mehr Sicherheit und vor allem soziale Geborgenheit. »Einen grundlegenden Einstellungswandel in Zeiten der Wohlstandswende« sieht die Stiftung für Zukunftsfragen schon als Ergebnis einer Grundlagenstudie zum Wertewandel in Deutschland im September 2010. Das Schutzbedürfnis rückt zunehmend ins Zentrum des Lebensinteresses, die Sehnsucht nach Sicherheit wächst. 1995 lag die Zustimmung zur Sicherheit als primärem Anliegen bei 49 Prozent, 2010 bei 80 Prozent. Demgegenüber erhielt die Freiheit als zentraler Wert nur noch 64 Prozent. Andere Studien haben diese Verschiebung bestätigt: »Der Einstellungswandel der Bevölkerung hat existenziellen Charakter. Dahinter verbirgt sich die Zukunftsangst vor einer Gesellschaft

– ohne soziale Sicherung,
– ohne sicheres Einkommen,
– ohne sicheren Job,
– ohne sichere Rente.

Die Zukunftsgewissheit schwindet, der Freiheitsgewinn schlägt in Sicherheitsverlust um. Selbst bei der jungen Generation entwickelt sich ein grundlegender Einstellungswandel« (Prof. Dr. Opaschowski, Stiftung für Zukunftsfragen zu den Ergebnissen dieser Studie).

Die Studie berichtet auch von einer Veränderung der Erziehungsziele und der Lebensideale in Deutschland. Die Ehrlichkeit habe »einen unaufhaltsamen Aufstieg« erlebt vom 4. Rang 1982 zum Erziehungsziel Nummer 1 im Jahr 2010. 90 Prozent der Bundesbürger stimmten überdies der Formulierung zu: »Was auch immer auf uns zukommt, für mich ist und bleibt die Familie immer das Wichtigste im Leben.«

Auch die Familienstudie der Bundesregierung auf Basis von Zahlen aus dem Jahr 2011 dokumentiert den neuen Stellenwert von Familien und Kindern für die Lebensplanung junger Menschen. Solche Ergebnisse sprechen gegen die pessimistische Grundannahme vom Verfall und Abwärtstrend.

Welche Chance schreiben Sie »christlichen Werten« zu, ohne Tugenden wie Ehrlichkeit oder das Lebensmodell der Familie gleich christlich einzugemeinden?

Hier will ich gerne wieder auf Papst Johannes XXIII. verweisen, der in seiner Eröffnungsrede zum Zweiten Vatikanischen Konzil 1962 formulierte: »In der täglichen Ausübung unseres apostolischen Hirtenamtes geschieht es oft, dass bisweilen Stimmen solcher Personen unser Ohr betrüben, die zwar von religiösem Eifer brennen, aber nicht genügend Sinn für die rechte Beurteilung der Dinge, noch ein kluges Urteil walten lassen. Sie meinen nämlich, in den heutigen Verhältnissen der menschlichen Gesellschaft nur Untergang und Unheil zu erkennen. Sie reden unablässig davon, dass unsere Zeit im Vergleich zur Vergangenheit dauernd zum Schlechteren abgeglitten sei ... Wir aber sind völlig anderer Meinung als diese Unglückspropheten, die immer das Unheil voraussagen, als ob die Welt vor dem Untergang stünde. In der gegenwärtigen Entwicklung der menschlichen Ereignisse, durch welche die Menschheit in eine neue Ordnung einzutreten scheint, muss man viel eher einen verborgenen Plan der göttlichen Vorsehung anerkennen. Dieser verfolgt mit dem Ablauf der Zeiten, durch die Werke der Menschen und meist über ihre Erwartungen hinaus sein eigenes Ziel, und alles, auch die entgegengesetzten menschlichen Interessen, lenkt er weise zum Heil der Kirche.«

Ich möchte mit diesem langen Zitat nicht alles wegdrücken oder in Abrede stellen, was wir an tatsächlich unerfreulichen, schädlichen Entwicklungen in unserer Zeit beobachten können. Aber es ist eben auch falsch, nur das Negative zu sehen und sich damit selbst zu lähmen. Die vergangenen Jahrzehnte waren nicht nur eine Verlustgeschichte. Es gab auch nicht nur materiellen und technischen Fortschritt. Es gab und gibt auch großen humanen Fortschritt.

Spezifisch christliche Werte?

Für die Diskussion um die Rolle und die Chancen christlicher Werte müssten wohl zwei Aspekte zunächst geklärt werden: Was verstehen wir unter den spezifisch christlichen Werten und gibt es diese Werte nur innerhalb der Gemeinschaft der Christen?

Auf der außerordentlichen Bischofssynode zur Situation der Familien im November 2014 wurde intensiv diskutiert und im Zwischenbericht beschrieben, dass christliche Werte von Ehe und Familie auch außerhalb der sakramental geschlossenen Ehe gelebt werden: Treue und Rücksichtnahme, der Zusammenhalt in Freud und Leid, das Einstehen der Generationen füreinander, der verantwortungsbewusste Umgang mit der Sexualität. Es wäre eine krasse Fehlhaltung, wenn wir am Ende gar bedauerten, dass all dies nicht im »christlichen Rahmen« stattfindet. Was immer an Gutem zwischen Partnern, zwischen Eltern und Kindern geschieht, entwertet doch keineswegs die Bedeutung der sakramentalen Ehe und das katholische Verständnis von Ehe und Familie insgesamt. Mich beschäftigt immer wieder, dass ich in meinen ehrenamtlichen Tätigkeiten im Bereich Umweltschutz, in der Hospizbewegung, im Engagement für soziale Gerechtigkeit in der Welt, in der Behindertenhilfe, in der Bergwacht und Bergrettung mit Menschen kameradschaftlich, freundschaftlich zusammenarbeite, die oft nicht bewusst religiös oder kirchlich gebunden sind, aber die gleichen Maßstäbe an ihr Handeln anlegen wie ich.

Solche Erfahrungen zwingen uns zu einer Auseinandersetzung mit diesen Realitäten und machen uns nicht schwächer. Es mindert auch nicht die Verdienste unserer Kirche für eine humane Welt, wenn wir feststellen, dass Haltungen, die im christlichen Glauben und in der Entwicklung des Christentums in ihrer Prägekraft gewissermaßen zu einem Allgemeingut geworden sind, nun nicht mehr exklusiv christlich sind. Die Ausprägung des Sozialstaats als Konsequenz der christlichen Nächstenliebe ist dafür nur ein Beispiel. Viele andere Kulturen kennen diese Art konkretisierter Barmherzigkeit, praktizierter Nächstenliebe und daraus entstehender Solidargemeinschaft nicht. Solche Werte zählen aber zum christlichen Erbe. Andererseits müssen wir vorsichtig und ehrlich sein: Nicht alle positiven Entwicklungen dieser Art sind allein dem Christentum zuzuschreiben.

Die Würde des Menschen hat ihre Quelle im christlich-jüdischen Verständnis, im christlichen Verständnis des Menschen als Ebenbild Gottes, gewiss. Aber in den gesellschaftlichen und politischen Realitäten musste diese Menschenwürde nicht selten gegen Christen und »christliche Herrschaft« durchgesetzt werden.

Die christliche Tradition hat Europa entscheidend geprägt. Christliche Werte sind teilweise säkularisiertes Allgemeingut geworden, und vielen Menschen ist die ursprüngliche Herkunft nicht mehr bekannt und bewusst. Das Erbe zu bewahren ist eines. Es ist aber nicht nur ein Kulturgut der Vergangenheit, sondern bleibt wegweisend für die Zukunft. Die entscheidende, drängende Frage an uns ist also: Was haben christliche Werte für die Entscheidungen, die wir heute und morgen treffen, für eine Bedeutung? Dafür müssen wir präzisieren, was wir meinen, wenn wir an christliche Werte appellieren, für uns selbst und für die anderen. Einstellungen und Überzeugungen, die wir aus früheren Zeiten, insbesondere aus der volkskirchlichen Epoche noch mit uns herumtragen, sind nicht zwangsläufig christlich. Vor allem aber müssen wir uns damit arrangieren, dass der bloße Hinweis, eine bestimmte Sicht sei christlich und gehöre zu unserer Tradition, kaum noch Überzeugungskraft hat, nicht einmal für die Mehrheit der Gläubigen. Ich erwähnte das schon im Zusammenhang mit parteipolitischen Präferenzen. Wer auf die Gesellschaft und die Politik Einfluss nehmen will, kann nicht mehr ideologische Gefolgschaft und Gehorsam verlangen.

Er muss stattdessen werben und überzeugen. Wenn Kardinal Reinhard Marx anlässlich einer Rede zum einhundertsten Geburtstag von Kardinal Julius Döpfner mit Blick auf die innerkirchliche Situation feststellt: »Es kann nicht sein, dass das Lehramt bestimmt und die Gläubigen gehorchen«, dann gilt das doch erst recht für die Situation und das Handeln der Christen in Gesellschaft und Staat.

Und noch sehr viel mehr, wenn wir all diejenigen ansprechen wollen, die sich der katholischen Kirche nicht verbunden fühlen. Es geht also für uns Christen darum, überzeugend zu vermitteln, dass die Werte und Positionen, die uns wichtig sind, sei es im Lebensschutz oder in Fragen der Gerechtigkeit, des Umweltschutzes und vielen anderen Bereichen, gut und richtig sind für den Einzelnen und den Weg der Gesellschaft. Wir plädieren und arbeiten für diese Werte um der Menschen willen, nicht um der Kirche willen. Wir vertreten unsere Positionen nicht als christliche Sondermoral, sondern als Dienst und Beitrag zum guten Leben aller Menschen.

Welche Auswirkungen hat es für eine Gesellschaft, wenn es darüber hinaus immer weniger Übereinstimmung über verbindliche Regeln gibt, wenn also das, was man früher Anstand genannt hat, immer seltener wird?

Die Konsequenz ist die Hydra der Regelungsdichte durch immer mehr Gesetze und Vorschriften. Wo es Regeln gibt, braucht es Kontrolle, neue Regeln für die Kontrolle und die Durchsetzung der Regeln mit Sanktionierung des Regelverstoßes. Dem Ruf nach der Hand des Staates folgt fast unweigerlich die Klage über den Apparat des Staates, seine Allgegenwart und seine Kosten. Häufig wächst dann erst recht der Ehrgeiz, im immer engeren Netz der Regeln die Schlupflöcher zu suchen und sie für sich zu nutzen. All das bedroht die Vitalität unseres Gemeinwesens.

Der Hydra den Kopf abzuschlagen, ohne dass zwei neue nachwachsen, war schon im griechischen Mythos ein Problem.

Ich sehe ehrlich gesagt auch nicht, dass und wie wir diese Herkulesaufgabe bewältigen könnten. Aber wir sollten zumindest den Zusammenhang erkennen und herausstellen, der zwischen dem Verlust an Bindekraft durch gemeinsame Werte und Milieus einerseits und der Regelungswut wie auch dem Bevormundungswahn des Staates samt seiner Bürokratie andererseits besteht.

Christen leben wie alle anderen Menschen in der ganzen Vielfalt der modernen Welt, der Lebenswege und Schicksale, der Aufgaben unserer Zeit. In Debatten wird vor allem von engagierten Christen immer wieder die Orientierung an den christlichen Werten gefordert. Was sind für Sie zentrale christliche Werte für das politische Engagement?

Die in unserer Zeit besonders wichtigen Orientierungen und Maßstäbe für unser Handeln sehe ich in unserem Grundgesetz beschrieben. Das Grundgesetz ist zudem das gemeinsame Fundament aller Bürgerinnen und Bürger in Deutschland, ob religiös oder nicht. Es ist unser gemeinsames Fundament und deshalb auch ein besonderer Bezugspunkt für unseren politischen Dienst als Christen.

1. Die Einheit von Anspruch auf Freiheit und die Bereitschaft Verantwortung zu übernehmen. Dies kommt in der Formulierung der Präambel des Grundgesetzes zum Ausdruck: »In Verantwortung vor Gott und den Menschen, von dem Willen beseelt, als gleichberechtigtes Glied in einem vereinten Europa dem Frieden der Welt zu dienen, hat sich das deutsche Volk Kraft seiner verfassungsgebenden Gewalt dieses Grundgesetz gegeben.«

2. »Die Würde des Menschen ist unantastbar« ist in Art. 1 des Grundgesetzes unabänderlich verankert. Gerade für uns Christen ist das christliche Menschenbild die zentrale Orientierung für unser Handeln und auch der Maßstab und die Orientierung für eine humane Zukunft.

3. Die gerechte Ordnung der Gesellschaft und des Staates ist im christlichen Verständnis der zentrale Auftrag allen politischen Handelns.

Diese drei Grundorientierungen gelten für alle Lebensbereiche und alle Handlungsfelder der Politik. In den geschichtlichen Prozessen der Veränderung werden sich die konkreten Ausgestaltungen immer wieder verändern, diese Grundorientierungen jedoch haben bleibenden Charakter. Sie müssen in den jeweiligen Handlungsfeldern entsprechend konkretisiert werden.

»Die Würde des Menschen ist unantastbar«

Was meint »die Würde des Menschen«?

Einer der unumstößlichsten und sicher auch wichtigsten Werte in Deutschland ist der der Menschenwürde. Das Grundgesetz hebt in Artikel 1 in hohem Ton an: »Die Würde des Menschen ist unantastbar. Sie zu achten, zu schützen, ist Verpflichtung aller staatlichen Gewalt.« Soweit bekannt, ist diese programmatische Festlegung in einer Verfassung einmalig. Sie zählt zu den Bestimmungen, die der Bundestag als Gesetzgeber selbst mit einstimmigem Beschluss nicht verändern oder gar abschaffen könnte. Und trotzdem: So einfach und klar ist die Sache mit der Menschenwürde im Konkreten nicht. Welche Bedeutung hat Artikel 1 hier und heute – und morgen?

Diese Regelung ist die Schlussfolgerung aus den bitteren Erfahrungen des Nationalsozialismus. Der verfassungsgebenden Versammlung war bewusst, dass das Menschenbild der Nationalsozialisten der Kompass war für die menschenverachtende Grundhaltung, die Quelle der Vernichtungspolitik gegenüber den Juden, Sinti und Roma, geistig Behinderten, Homosexuellen und allen, die dem Nazi-Herrenmenschentum irgendwie minderwertig erschienen. Diese Erkenntnis und das schreckliche Gefühl der Schuld begründen sicher bis heute die besondere Sensibilität der Deutschen für die Bedeutung der gleichen Würde aller Menschen. Daher werden auch in Deutschland die Fragen des Lebensschutzes offensichtlich sehr viel intensiver diskutiert. In keinem Parlament, zumindest in Europa, gibt es derart intensive Beratungen, sei es zum Thema der Embryonenforschung, der Regelung für die

Patientenverfügung oder gegenwärtig zum Ringen um die gesetzliche Regelung für die Beihilfe zum Suizid als »Sterbehilfe«. Das ist ein kostbares Gut.

Unabhängig von dieser besonderen Regelung in unserem Grundgesetz gilt aber generell und überall, dass das jeweilige Menschenbild die Maßstäbe für unser Handeln prägt. Das gilt für die Wirtschaftsordnung, die Sozialpolitik, die Bildungspolitik. Es gilt aber vor allem für unser eigenes Verhalten gegenüber dem anderen, insbesondere dann, wenn dieser von der gängigen Norm und unserem gewohnten Milieu abweicht.

Die Würde des Menschen ist aber doch keine Zauberformel, aus der sich konfliktfrei die Maßstäbe und die Konsequenzen ergeben. Man versteht unter diesem Begriff nicht einmal immer das Gleiche. Ist das in Stein gemeißelte Gesetz letztlich eine Wanderdüne?

Artikel 1 des Grundgesetztes ist kein Rezeptbuch, aus dem sich jeweils einfach und bis ins Detail für alle und für alle gleichermaßen ableiten lässt, was richtig oder falsch, zumutbar oder unvertretbar ist. Hier ist aber der Zwang zur intensiven Auseinandersetzung über diese Fragen der menschlichen Existenz und des menschlichen Zusammenlebens grundgelegt. Für uns Christen begründet sich die Würde des Menschen darin, dass er nach der Botschaft der Bibel das Ebenbild Gottes ist. Jeder Mensch hat danach dieselbe Würde, unabhängig von jeder denkbaren Differenzierung, etwa nach Rasse, Nützlichkeit für die Gesellschaft, Jung oder Alt, Leistungsträger oder Unterstützungsbedürftiger und was sonst noch alles denkbar ist. Er hat diese Würde ganz einfach, weil er Mensch ist. Sie kann auch nicht erworben werden, sie ist kein Verdienst, sie ist mit seiner Existenz christlich verbunden. Dies stellt an Christen, was die Konsequenzen im Umgang mit Menschen und die Gestaltung des Zusammenlebens betrifft, besonders hohe Anforderungen.

Diese besondere Würde des Menschen wird aus dem Geist der Aufklärung damit begründet, dass der Mensch als einziges Lebewesen autonom und selbstbestimmt handeln könne. Mit dieser Begründung sind aber ähnliche Fragestellungen und Problementwicklungen verbunden wie mit der utilitaristischen Begründung, die Würde an bestimmte Fähigkeiten und Eigenschaften bindet.

Weil sich die Frage nach den Konsequenzen stellt, sobald diese Fähigkeiten nicht da sind oder verlorengehen. Wie gehen wir mit Menschen um, die nach einem Unfall oder infolge einer Krankheit in ihren Fähigkeiten zum Teil extrem eingeschränkt sind?

Die Unantastbarkeit der Würde des Menschen ist von zentraler Bedeutung für eine humane Zukunft – und ein markantes Beispiel für die epochale Aussage des früheren Bundesverfassungsrichters Ernst-Wolfgang Böckenförde, wonach der Staat von Grundlagen lebt, die er selbst nicht schaffen kann. Es ist eine besondere Aufgabe für uns Christen, diesen Geist von Artikel 1 des Grundgesetzes in Gesellschaft und Staat lebendig zu halten. Dies kann uns freilich nur glaubwürdig gelingen, wenn auch innerhalb der christlichen Religionsgemeinschaften dieser hohe Maßstab im Umgang mit Menschen gilt. Und es wird zur besonderen Herausforderung, wenn es um Menschen geht, die ihr Leben anders gestalten.

Die Würde des Menschen ist sicher ein wichtiges Motiv in Grundsatzdebatten wie jene über den Lebensschutz. Aber was bedeutet es im Alltag?

Das Menschenbild des Grundgesetzes steht für den notwendigen Respekt der Menschen voreinander und gegen die Anwendung von Gewalt im Zusammenleben, gegen eine Reduzierung des Menschen auf seine Nützlichkeit, für freie

Entfaltung seiner vielfältigen Solidaritätspotenziale. Es steht für den Schutz des Lebens in seinen vielfältigen Erscheinungsformen, für die Bewahrung der Menschenwürde auch in Grenzsituationen des Lebens – gleichgültig, ob es sich um eine Behinderung, schwere Erkrankung, das Leben vor der Geburt oder die Situation des Sterbens handelt. Es steht auch für Vergebung und Barmherzigkeit, weil der Mensch in seiner Fehlerhaftigkeit und als ein Wesen mit begrenzten Fähigkeiten zu akzeptieren ist. An der Wirkkraft dieser Botschaft im privaten, wirtschaftlichen, rechts- und sozialstaatlichen und gesamtgesellschaftlichen Leben entscheidet sich, ob unsere Zukunft das Attribut »human« verdient.

Welche Konsequenzen ziehen Sie daraus für Erziehung und Bildung, für unser Schul- und Bildungssystem?

Vor einiger Zeit hatte ich ein Gespräch mit Lehrkräften über die wachsenden Probleme durch das Verhalten der Kinder und Jugendlichen in der Schule und über die notwendigen Konsequenzen. Eine Lehrerin brachte ihre Erfahrungen so auf den Punkt: »Was immer mehr fehlt, ist der Respekt und die Rücksichtnahme gegenüber dem anderen. Die Situation würde sich grundsätzlich ändern, wenn Respekt und daraus erwachsene Regeln des Anstands und des Verhaltens wieder allgemein Geltung hätten.« Respekt ist die Alltagswährung der im Grundgesetz verankerten Würde des Menschen. Ich sehe jedoch gerade in unserem Bildungswesen immer mehr die Tendenz, den Menschen zu verzwecken, die Ausrichtung des Bildungssystems auf seine Nützlichkeit.

An welchen Entwicklungen machen Sie das fest?

Im Mittelpunkt der schul- und bildungspolitischen Debatten steht nun seit Jahren immer mehr das testfähige Wissen. Die internationalen Vergleichstests haben uns sicher wichtige Erfahrungen gebracht und Impulse gegeben. Das Fatale an der Entwicklung ist aber, dass eben nur testfähiges Wissen auch Gegenstand von solchen Messkategorien und Vergleichen sein kann. Die Persönlichkeitsbildung, das Sozialverhalten, die Gesamtentwicklung des Menschen in all seinen Sinnen und Fähigkeiten ist immer weniger Gegenstand der schul- und bildungspolitischen Diskussionen. Die Verwertbarkeit des Wissens für das Berufsleben und die Aufstiegschancen rückt in den Vordergrund. Gleichzeitig verkünden allerdings die Vertreter der Wirtschaft, dass sie in der zunehmend anspruchsvollen Arbeitswelt Persönlichkeiten, urteilsfähige Menschen dringend brauchen. Die Erfahrungen in der Schule zum Thema Respekt und Verhalten gegenüber dem anderen lassen sich im Übrigen auch auf viele andere Lebensbereiche übertragen.

Aktuell stellt Artikel 1 des Grundgesetzes demnach eine besondere Herausforderung mit Blick auf den wachsenden Zustrom von Flüchtlingen und Asylsuchenden dar.

Das stimmt, aber es wäre falsch, von den Defiziten auszugehen. Die Menschen, die aus den Bürgerkriegsgebieten Syriens und des Iraks zu uns kommen, treffen in Deutschland auf eine erfreuliche Aufnahmekultur und ein vielfältiges freiwilliges Engagement. Es ist nicht absehbar, wann der Zustrom aus diesen Regionen aufhören wird, ebenso wenig wie der aus den Ländern Afrikas von Menschen, die der Hoffnungslosigkeit ihrer Situation entkommen wollen, selbst wenn es ihr Leben kosten sollte. Daher stehen uns die großen Bewährungsproben wohl erst noch bevor. Phänomene wie Pegida, die mit emotionalisierenden, mobilisierenden Schlagworten von »Islamisierung« und »Christlichem Abendland« arbeiten, sind dafür ein untrügliches Zeichen. Die versuchte Ausgrenzung von Menschen, die zu uns kommen, nun im Gegenzug mit der Ausgrenzung all derer zu beantworten, die bei Pegida mitdemonstrieren, führt nur zur weiteren Polarisierung, aber nicht zu einer konstruktiven Auseinandersetzung. Eine intensivere Debatte über Möglichkeiten und Grenzen der Aufnahme von Menschen aus Armutsgebieten der Welt wird unvermeidbar sein. Diese zu führen, bedeutet an sich noch keine Abwertung oder Ausgrenzung der Menschen, die zu uns kommen wollen. Zur Qualität der Debatte gehört es aber, nicht leichtfertig einen Begriff wie »Wirtschaftsflüchtling« in den Mund zu nehmen. Wer aus nackter Not sein Leben riskiert, spekuliert nicht auf unseren Reichtum.

Entscheidend ist, mit welcher inneren Haltung und mit welcher Bereitschaft zur Solidarität wir uns mit der Gesamtsituation dieser Menschen und der Situation in unserem Gemeinwesen und unseren Möglichkeiten auseinandersetzen. Dazu gehört auch, dass wir uns gerade als Christen entschieden abgrenzen von jenen, die mit ihren Parolen die zwischenmenschlichen Beziehungen systematisch vergiften und Ängste politisch missbrauchen. Der Maßstab für die Unterscheidung der Geister, für die Entscheidung über Möglichkeiten und Grenzen von Bündnissen, kann nur (und muss aber auch) das jeweilige Menschenbild sein. Damit gilt wiederum der Maßstab von Artikel 1 des Grundgesetzes, wenn wir nicht den zentralen Wert unserer Verfassung zur Disposition stellen wollen.

Suizid – ein Ausdruck menschlicher Freiheit und Würde bis zuletzt?

Um die Konkretisierung der Menschenwürde ringen wir in Deutschland bei den Themen »Beihilfe zum Suizid« oder gar »Tötung auf Verlangen«, was in einigen Nachbarländern möglich ist. Umfragen kommen zum Ergebnis: Zwei Drittel der Deutschen befürworten solche Angebote als letzte Möglich-

keit, als Ausdruck menschlicher Autonomie. Und sie wenden sich gegen eine Bevormundung durch Verbote. Wie sollte der Gesetzgeber mit solchen Voten umgehen? Und was ist Ihre Position?

Umfragen zeigen auch: Wenn die Menschen über die Möglichkeiten der Hilfe und Begleitung in dieser Lebensphase durch spezielle ärztliche und pflegerische Leistungen informiert werden, dann verringert sich die Zustimmungsrate zur Sterbehilfe ganz erheblich. Aber selbst dann plädieren immer noch rund vierzig Prozent für ähnliche gesetzliche Regeln wie in einigen Nachbarländern.

Wir brauchen eine tief gehende Auseinandersetzung über die Themen Autonomie und Selbstbestimmung. Folgende und ähnliche Fragen müssen dabei diskutiert werden: Wie verändert sich das soziale Klima, wenn die Selbsttötung als privilegierter Fall, ja sogar als die ultimative Bewährung menschlicher Autonomie gepriesen wird? Welche Folgen hätte eine gesetzliche Verankerung der Beihilfe zum Suizid für die »freie Entscheidung« Betroffener? Welche Erwartungshaltungen würden entstehen, welche würden von Pflegebedürftigen und Schwerkranken vermutet?

Aus Ihren Fragen spricht deutlich das Bedenken. Worauf gründen Sie Ihre Besorgnis einer Negativentwicklung?

Sehr nachdrücklich und belegbar auf die Erfahrungen von Eltern, bei deren ungeborenen Kindern im Rahmen der Vorsorgeuntersuchungen eine Behinderung diagnostiziert wurde. Es ist heute nicht mehr die Ausnahme, sondern eher die Regel, dass sich diese Mütter und Väter nach der Geburt ihres Kindes rechtfertigen müssen. »Das hätte doch nicht sein müssen! Wie konnten Sie das sich selbst, dem Kind und – im Hinblick auf die hohen Folgekosten – der Gesellschaft zumuten?!« Als ein gesellschaftliches Grundrauschen unterliegt solchen Fragen die hoffähig gewordene Unterscheidung zwischen einem »lebenswerten« und einem angeblich nicht – oder nicht mehr – lebenswerten Leben.

Können Sie sich keine Situation vorstellen, in der ein Mensch zu dem Schluss kommt, sein Leben sei für ihn nicht mehr lebenswert?

Ich habe persönlich viel mit Schwer- und Schwerstbehinderten zu tun. Ich erlebe bei ihnen unglaublich viel Lebensfreude und kämpferischen Lebenswillen in gesundheitlichen Krisen. Was ist denn »nicht lebenswert«? Wenn wir uns gesellschaftlich und politisch auf die Unterscheidung zwischen »lebenswert« und »nicht lebenswert« einlassen, begeben wir uns auf eine gefährliche Rutschbahn ohne Halt. Niemand ist dann auf Dauer vor einem Negativurteil über seine Lebenssituation sicher – mit allen Konsequenzen für eine mögliche oder verweigerte Unterstützung.

Das ZdK hat in zwei Entschließungen Position bezogen und jede Form der organisierten Unterstützung des Suizids abgelehnt. Die Deutsche Bischofskonferenz und die EKD haben sich ebenso positioniert und das aus dem christlichen Glauben heraus mit Hinweis auf das Leben als »Gottesgeschenk« begründet. Gerade dieses Argument steht in einem weltanschaulich neutralen Staat mit der Trennung zwischen Religion und Staat auf schwachen Füßen. Das räumen selbst Moraltheologen wie der Tübinger Professor Franz-Josef Bormann unumwunden ein.

Es ist mir zunächst ganz wichtig, dass es uns nicht um die Bevormundung des Einzelnen geht. Der Suizid ist in Deutschland schon heute straffrei – im Gegensatz übrigens zu den meisten anderen Ländern. Wenn dem so ist, dann ist es logischerweise auch die Beihilfe. Wir reden also nicht über die individuelle Entscheidung, sondern über gesellschaftliche Normen. In Deutschland nehmen sich jedes Jahr etwa zehntausend Menschen das Leben. In unserer Kirche haben wir

Gott sei Dank gelernt, »Selbstmörder« nicht mehr zu ächten und ihnen etwa das kirchliche Begräbnis zu verweigern. Was mich aber beschäftigt und worüber kaum gesprochen wird, ist die Frage: Was bedeutet die Selbsttötung für die Angehörigen und für das nächste Umfeld? Ich habe im Freundes- und Bekanntenkreis erlebt, dass der Suizid eines Menschen für die ihm Nahestehenden zum Schlimmsten gehört, was ihnen passieren kann. Sie plagen und quälen sich mit Schuldgefühlen: Was haben wir versäumt? Was haben wir übersehen? Wo haben wir versagt? Denken wir auch an die Traumata von Lokomotiv- und S-Bahnführern, die mit ansehen müssen, wie ihr Zug einen zur Selbsttötung Entschlossenen überfährt. Die Wirkung der Selbsttötung auf andere Menschen ist ein wichtiger Aspekt, der in der Debatte über Autonomie und Selbstbestimmung gern ignoriert wird. Keiner lebt für sich allein. Autonomie ohne soziale Rückbindung wirkt zerstörerisch.

Worum geht es Ihnen dann im Kern, wenn Sie an die Entscheidung im Deutschen Bundestag über künftige rechtliche Regeln im Zusammenhang mit dem assistierten Suizid denken?

Ich spitze es auf die Alternative zu: Hilfe zum Sterben oder Hilfe beim Sterben? Einen Menschen töten oder ihn pflegen, ihn begleiten, sich ihm zuwenden? Sehr überzeugend finde ich, was der Deutsche Hospiz- und Palliativverband dazu in einer Stellungnahme schreibt: »Die Hospizbewegung betrachtet das menschliche Leben von seinem Beginn bis zu seinem Tod als ein Ganzes und das Sterben als einen Teil des Lebens. Im Zentrum der hospizlichen Sorge stehen die Würde des Menschen am Lebensende, die Verbundenheit mit den Sterbenden und die Beachtung seiner Autonomie. ... Der in der Bevölkerung verbreiteten Angst vor Würdeverlust in Pflegesituationen und bei Demenz sowie vor unerträglichen Schmerzen und Leiden ist durch eine Kultur der Wertschätzung gegenüber kranken und sterbenden Menschen sowie der Angebote der Hospiz- und Palliativversorgung zu begegnen« (Deutscher Hospiz-und Palliativ-Verband, 21.2.2014).

Eine »Kultur der Wertschätzung« gegenüber kranken und sterbenden Menschen – das muss dann auch entsprechende Konsequenzen haben. Einer großen Mehrheit sind entsprechende Angebote der Palliativmedizin und der Palliativpflege gegenwärtig gar nicht zugänglich.

Der Umgang mit dieser Situation ist in der Tat *der* Glaubwürdigkeitstest für die Politik, für die Kirchen und letztlich für uns alle. Es ist leider so, dass ungezählte Menschen heute in der letzten Phase ihres Lebens körperlich und seelisch mehr leiden müssen, als es unabänderlich wäre. Es ist unglaubwürdig, ja, es kann zynisch wirken, wenn die organisierte Beihilfe für den Suizid verboten wird, aber nicht gleichzeitig in einer großen Kraftanstrengung der Politik und der Gesellschaft die heutigen Möglichkeiten sterbebegleitender palliativer Medizin und Pflege und die ganzheitliche Hospizbegleitung allen zugänglich gemacht wird, die ihr bedürfen. Dafür braucht es ein flächendeckendes Netz ambulanter Dienste und der stationären Einrichtungen. Etwa siebzig Prozent der Menschen möchten in ihrem vertrauten sozialen Umfeld bleiben, in der Familie oder in einer Pflegeeinrichtung. Das heißt, es ist notwendig, die Dienste der allgemeinen und der spezialisierten palliativen Versorgung (AAPV und SAPV) zu vernetzen. Das ist möglich, aber erfordert auch die entsprechenden Prioritäten.

Sehr deutlich kommt das in einem Beitrag von Ingrid Matthäus-Maier für die »Frankfurter Allgemeine Zeitung« zum Ausdruck, in dem sie die Wertschätzung der Palliativmedizin unterstreicht, um dann einschränkend hinzuzufügen: »Angesichts der demografischen Entwicklung wird es auch bei allen zu unterstützenden Anstrengungen keine ausreichenden flächendeckenden Angebote geben können« (»Mein Ende gehört mir«, FAZ 07.05.2014). Sie erkennt also die vorhandenen Möglichkeiten im Prinzip an, bezweifelt aber deren tatsächliche Verfügbarkeit und schließt aus dieser Diskrepanz, dass genau deshalb der unterstützte Suizid als Alternative notwendig sei. Welch eine grausame Perspektive, welch eine Bankrotterklärung für die Humanität in unserer Gesellschaft!

Selbst wenn der Bundestag den Ausbau der Palliativmedizin in Ihrem Sinn beschlösse – und nach einem solchen Beschluss sieht es 2015 mit einer parteiübergreifenden Mehrheit aus –, stünden die Angebote für die Menschen in ihrem jeweiligen Umfeld zeitnah nicht zur Verfügung.

Das zu ändern ist die gemeinsame Aufgabe der Bürgergesellschaft insgesamt, aber besonders auch der Kirchen und kirchlichen Gemeinschaften. Das ist gewissermaßen der »Glaubwürdigkeitstest Teil zwei«. Teil eins wäre: Der Bundestag muss die rechtlichen Voraussetzungen für eine gesicherte Finanzierung beschließen. Angebote vor Ort entwickeln sich aber nur durch konkrete Initiativen engagierter Menschen und Institutionen, die das als ihre besondere Aufgabe sehen. Die verschiedenen Angebote müssen miteinander so koordiniert werden, dass sie für die Menschen gut erreichbar sind, wobei sie als Dienste nicht miteinander konkurrieren dürfen, sondern zusammenwirken müssen. Die vorhandenen Beispiele zeigen, dass dies möglich und ein großer Segen für die Kranken und ihre Angehörigen ist. Ich nenne ein weiteres Desiderat: Die Palliativmedizin muss aus ihrer jetzigen Rand- und gelegentlich auch Alibisituation ein voll integrierter, akzeptierter Bestandteil unseres Gesundheitswesens und der Strukturen medizinischer Versorgung werden. Auch davon sind wir noch ein erhebliches Stück entfernt. Und schließlich gehört zu unseren Aufgaben auch die Auseinandersetzung über die Begleiterscheinungen der modernen Hochleistungsmedizin, über den Sinn und die Grenzen medizinischer Behandlung im Endstadium von Erkrankungen, über Behandlung und Behandlungsverzicht, über die Einstellung oder Umstellung von Therapien in der letzten Phase des Lebens.

»Genetische Optimierung« – möglich, aber mit der Menschenwürde vereinbar?

Sowohl die Palliativmedizin als auch die Hochleistungsmedizin bieten kranken Menschen viele Hilfen. Gleichwohl geraten wir durch die Entwicklungen in der Medizin, der Biologie und insbesondere der Gendiagnostik ständig in neue Grenzsituationen der Manipulation, in immer schwierigere Situationen, in denen man Tun und Lassen abwägen und über Möglichkeiten und notwendige Grenzen des Zugriffs auf den Menschen diskutieren muss. Das gilt in ganz besonderer Weise für die Gendiagnostik. Im November 2014 war in einer Meldung der Katholischen Nachrichten-Agentur (KNA) zu lesen: »Deutschland könnte ›genetische Optimierung‹ erlauben.« Nach einer entsprechenden Studie seien Eingriffe ins Erbgut zur »Optimierung« gesunder Menschen nach deutschem Recht zulässig, sobald die Forschung dafür sichere Wege biete. Die Medizin könne solche Wünsche zwar noch nicht erfüllen, doch dürfte sich die Forschung schnell in diese Richtung entwickeln, meinten die Autoren der Uni Münster. »Darauf sollte die Gesellschaft politisch, ethisch und rechtlich vorbereitet sein.« Hinter dem Wunsch nach genetischen Verbesserungen stehen, so der Rechtsphilosoph Thomas Gutmann, ähnliche Motive wie bei Schönheitsoperationen, Doping oder hohen Bildungsinvestitionen: die Hoffnung auf Schönheit, Gesundheit, Leistung und Erfolg.

Nach verschiedenen wissenschaftlichen Prognosen wird in absehbarer Zeit eine Gesamterfassung des genetischen Potenzials im Erbgut eines Menschen relativ preiswert zur Verfügung stehen. Welche Konsequenzen hat solches Wissen für den einzelnen Menschen und für die Gesellschaft? Welche Ansprüche entstehen daraus – sowohl des Einzelnen als auch für Versicherungen oder Arbeitgeber, die die Risiken kennen wollen? Welchen Platz haben Menschen mit gesundheitlichen Einschränkungen oder Krankheitsrisiken in der Gesellschaft von morgen und übermorgen?

Das lässt sich kaum in Kürze beantworten – es sei denn mit dem erneuten Hinweis auf Artikel 1 des Grundgesetzes: »Die Würde des Menschen ist unantastbar.« Dieser Satz wird immer aktueller, die Abwägung immer dringlicher, die Spannung zwischen technischem Vermögen und ethischer Selbstbeschränkung immer größer.

Und woher nehmen wir die Kraft zur Selbstbegrenzung?

Ich halte den Beitrag der Religionen und insbesondere der christlichen Kirchen hier für unersetzlich. Er wird gerade in unserem Land erwartet und akzeptiert. Es gehört zu unseren ureigenen Aufgaben als Kirche in der säkularen Gesellschaft, in solchen Grundsatzfragen Orientierung zu geben. Und ich betone noch einmal, dass wir keine Sondermoral für Christen vertreten wollen, sondern eine für alle Menschen existenziell bedeutsame. Ich teile dazu die Einschätzung von Jan Roß, der in seinem Buch »Die Verteidigung des Menschen. Warum Gott gebraucht wird« meint, dass der Mensch ohne den Schutz des religiösen Tabus berechenbar wird für die Wissenschaft, kontrollierbar für die Macht und so zu einer bloßen Funktion der biologischen, psychischen und sozialen Realität wird. Er fragt: »Warum nicht versuchen, ihn zu dressieren, ihn zu verbessern und abzuschaffen? Der geheimnislose Mensch ist der verfügbare Mensch.«

Wo und wie werden solche Überlegungen im Alltag virulent?
Unser Verständnis vom Menschen und seiner Würde in die Realität unserer Welt zu übersetzen, in die Arbeitswelt und die sozialen Verhältnisse, insbesondere an den »Rändern der Gesellschaft« (Papst Franziskus), das ist immer wieder neu unsere Aufgabe. Häufig ist die »Lenkungswirkung« des Menschenbildes nicht sofort offensichtlich. Exemplarisch und ungemein lehrreich fand ich einen Artikel der Wirtschaftswissenschaftlerin Ann-Kristin Achleitner, »Eine Generation wurde verformt«, im Handelsblatt (12.10.2011) zu der Frage, welches Menschenbild in ihrer Disziplin und – ganz praktisch – in Lehrgängen für Führungskräfte vermittelt wird. Sie plädiert für einen neuen Ansatz an den Hochschulen und in den Unternehmen: »Wir Hochschullehrer müssen unsere Arbeit kritisch hinterfragen, insbesondere die Ausbildung an den Business Schools. Der lag in den letzten Jahrzehnten ein opportunistisches Menschenbild zugrunde, das die junge Generation geprägt und unter Umständen verformt hat. Grundlage war die Vorstellung, dass der Mensch seinen Nutzen optimiert und dabei auch die potenzielle Schädigung anderer Akteure in Kauf nimmt, sprich, opportunistisches Verhalten an den Tag legt. Wollen wir Menschen heranziehen, die danach handeln?« Weiter legt die Autorin dar: Gerade die Erfahrungen der Wirtschaftskrise zeigten, wie Menschen lernen, ihre Entscheidungen eben nicht nur nach Nützlichkeitskriterien zu kalkulieren. Das Menschenbild ist demnach bestimmend und leitend für unser Handeln.

Als ähnlich aktuelles, dringliches Thema erweist sich die Würde des Menschen »im Netz«, also unter den Bedingungen der neuen Kommunikationstechniken und der digitalen Transformation. Die Bedrohung beginnt beim E-Mobbing unter Schülern, setzt sich in den sozialen Netzwerken und den

Internetgiganten mit ungehemmter, unkontrollierter Auswertung des Nut-
zerverhaltens fort und endet beim Ausspähen der Bürger durch staatliche
Dienste. Darüber lässt sich trefflich klagen, aber kann man dagegen auch
etwas ins Feld führen?

Wir sehen tatsächlich die Menschenwürde immer wieder aufs
Neue gefährdet. Digitalisierung und Internet haben uns dem
Ideal des informierten Bürgers ein gutes Stück näher gebracht.
Doch auch das Bild des überwachten Bürgers, des gesteuerten
Konsumenten, des gläsernen Menschen ist keineswegs bloßes
Horrorszenario, sondern weithin Wirklichkeit. Mit jeder neuen
Anwendung der Informationstechnik geben wir unentwegt und
manchmal unüberlegt Informationen über unsere Lebens-
gewohnheiten, unsere Vorlieben, Einstellungen und vieles andere preis. Die Verlockung der digitalen Welt ist eine doppelte: Sie
macht unser Leben bequem, und sie kostet (fast) nichts. Zumindest kein Geld. Wohl aber zahlen wir einen Preis: den Verlust unserer Privatsphäre. Wie weit sind wir bereit dazu? Welche Grenze
wollen wir setzen? Und vor allem: Wie schützen wir sie? Der Da-
tenschutz wird somit zu einem der brisantesten Anwendungsfälle für den Auftrag des Artikels 1 unseres Grundgesetzes, der
Wahrung der Menschenwürde. Zukunftsorientierte »Netzpoli-
tik« definiert ihren Erfolg vor allem technisch-ökonomisch,
etwa über den beschleunigten flächendeckenden Ausbau schneller Internetverbindungen. Das ist gut, aber definitiv zu wenig.

Die ersten Krankenversicherungen locken mit günstigeren Tarifen, wenn Ver-
sicherte mithilfe einer speziellen Armbanduhr laufend Daten über ihre
Lebensführung – Essen, Bewegung, Sport, Schlafenszeiten – liefern. Vorgeb-
lich ist es ins Belieben des Einzelnen gestellt, ob er seine Privatsphäre offen-
legt und sich das prämieren lässt.

Es ist aber nicht nur eine private Angelegenheit. Die Gefahr ist
groß, dass damit die Solidargemeinschaft der Versicherten tor-

pediert wird. Und ich nehme noch einmal die Lage der Gehandicapten, vom Schicksal weniger Begünstigten in den Blick: Was wird aus Menschen, die, warum auch immer, nicht »tarifoptimiert« essen und Sport treiben können? Gesundheitspolitik wird ihrem eigenen Anspruch nur gerecht, wenn sie im Eifer für medizinische und technische Innovation hoch sensibel bleibt für den Menschen und den Schutz der Privatsphäre.

Freiheit und Verantwortung

Freiheit und katholische Kirche – eine schwierige Begegnung

*Sie haben die Freiheit in Verbindung mit Verantwortung als ein Fundament
der christlichen Option für das Politische bezeichnet. Das wird viele erstau-
nen, denn den Begriff »Freiheit« verbindet man spontan nicht unbedingt
mit Katholizismus und katholischer Kirche.*

Das kann ich aus der Erfahrung auf meinem eigenen Lebensweg gut verstehen. Ich habe über die längste Zeit meines Lebens die Glaubensverkündigung und das Selbstverständnis
der Kirche auch so erlebt. Die prägende Glaubensverkündigung meiner Kindheit und Jugendzeit war ein Gott, der alles
sieht, kontrolliert, bestraft. Die Kirche habe ich als die Institution empfunden, die kontrolliert und bestraft. Der Gott, der
sich in seiner grenzenlosen Liebe den Menschen bedingungs-
los zuwendet und ebenso den Menschen die völlige Freiheit
der Entscheidung seiner Zu- oder Abwendung überlässt, war
ein unbekanntes Wesen. Zur Freiheit hat Christus den Menschen befreit, heißt es im Galaterbrief (Gal 5,1). Damit macht
der Glaube keine Angst mehr, sondern wirkt befreiend. In vielen Aussagen der biblischen Botschaft wird aber ebenso deutlich, dass dieser freie Mensch auch die Verantwortung für
seine Entscheidung und seinen Weg hat. Freiheit und Verantwortung stehen in einem Zusammenhang, im christlichen
Glauben, in unserer Beziehung zu Gott und in unserem Zusammenleben. Der Münchner Erzbischof, Kardinal Reinhard
Marx, hat es in seiner Silvesterpredigt 2013 so formuliert:
»Das Leitbild des christlichen Lebens ist deshalb für mich das

Leitbild der verantwortlichen Freiheit. Die Freiheit ist Ausdruck der Gottesebenbildlichkeit … Das Leitbild unseres Handelns, das große Orientierungsbild ist das Bild der Freiheit, die sich darüber freut, geschaffene Freiheit zu sein, die Ja sagt zur Verantwortung.« Kardinal Marx verweist dann auf das Bild des Christen, das in den Dokumenten des Zweiten Vatikanischen Konzils zum Ausdruck kommt: das des verantwortlichen, freien, mündigen, gläubigen Menschen, der durch Nachdenken und Gebet in der Gemeinschaft des Glaubens seinen Weg der christlichen Freiheit geht.

Das ist aber nicht die ganze Wirklichkeit der katholischen Kirche. Es gibt auch andere Botschaften in der Glaubensverkündigung im Hinblick auf Freiheit und Glaubensverständnis. Nicht wenige halten die Freiheit sogar für eine Bedrohung von Glauben und Kirche, und sie schätzen die Gefährdungen des Menschen in unserer modernen Welt weitaus größer ein als die Chancen für sein Menschsein. Es gibt viele Beispiele dafür, dass diese Sicht gerade im jüngeren Klerus sehr weit verbreitet ist.

Das ist leider so. In Hinblick auf diese Fragen geht ein Riss durch unsere Kirche: im Glaubensverständnis, im Kirchenverständnis und im Weltverständnis. Aber ebenso eindeutig ist die Botschaft des Zweiten Vatikanischen Konzils in seinen Aussagen zur Religionsfreiheit, zur Demokratie, zur Menschenwürde. Chancen und Gefahren liegen dabei immer nahe beieinander. Aber gerade deshalb ist mir die Einheit von Freiheit und Verantwortung so wichtig.

Wenn die Kirche die Freiheit bejaht, muss sie auch grundsätzlich Ja sagen zu den Bedingungen und den Folgen der Freiheit.

Kardinal Reinhard Marx hat in seiner Eigenschaft als Vorsitzender der Deutschen Bischofskonferenz in der Vollversammlung des ZdK am 28. Mai 2014 unmittelbar vor Beginn des Regensburger Katholikentags eindrucksvoll dargelegt, dass das Ja zur Freiheit eben auch das Ja zur Menschenwürde und zu Menschenrechten, zu Pluralismus, zu Religionsfreiheit bedeutet. Er bekannte, dass er selbst überrascht war, als er in dem Buch von Johannes Paul II., »Erinnerung und Identität«, das nach seinem Tod veröffentlicht wurde, gelesen habe: »Was ist der rote Faden der Soziallehre der Kirche? Der rote Faden ist die Freiheit.« Die klassische Darlegung der Soziallehre beginnt mit den Darlegungen der Personalität, der Solidarität und der Subsidiarität. Für Papst Johannes Paul II. ist dieser Akzent auf der Freiheit das Ergebnis seiner Lebenserfahrung: dass eben das Übrige nicht möglich ist ohne die Freiheit zur Entfaltung der Möglichkeiten des Menschen. Der Vorsitzende der Bischofskonferenz betonte, dass die verantwortete Freiheit eine Konsequenz der biblischen Botschaft ist, sowohl, was die Freiheit des Menschen wie auch, was seine Verantwortung betrifft.

Vertrauen und Verantwortung – zwei Grundpfeiler der Freiheit

Diese Freiheit ist aber auch eine anstrengende Wirklichkeit. Sie fordert den Menschen im Hinblick auf eigene Entscheidungen und eigene Verantwortung ungleich mehr heraus als die ständische und hierarchische Gesellschaftsordnung und ein autokratisches oder auch mehr oder minder diktatorisches politisches System. Dies war eine für Menschen in früher kommunistischen Systemen oft anstrengende Erfahrung. Sehen Sie Gefährdungen für die in der Geschichte mühsam erkämpfte Freiheit des Menschen in den gegenwärtigen Entwicklungen?

Freiheit ist nicht ein einmal erworbenes und damit für alle Zeiten gesichertes Gut. Sie muss immer wieder aufs Neue reflektiert, gesichert und erarbeitet und erkämpft werden.

Die größte Gefährdung der Freiheit ist unsere eigene Bequemlichkeit. Daraus kann, beispielsweise über den betreuenden Fürsorgestaat, den wir für alles und jedes zuständig erklären, eine schleichende Entmündigung resultieren.

Gefährdungen der Freiheit ergeben sich durch Gefährdungen unserer Sicherheit. Die Entwicklung zu einer weltweiten Bedrohung durch Terrorismus oder Entwicklungen in den internationalen Beziehungen, wonach nicht mehr das Völkerrecht, sondern das Recht des Stärkeren wieder auf der Tagesordnung steht, sind leider Realität. Die dauerhafte Sicherung der Freiheit kann nur gelingen, wenn es ein entsprechendes Engagement der Bürgerinnen und Bürger für das Gemeinwesen und den Staat gibt.

Die Sicherung der Freiheit ist die eine Aufgabe. Braucht es auch notwendige Grenzen für die Freiheit, damit sie nicht zur Willkür wird?

Die Grenzen der Freiheit müssen wir im Hinblick auf die Auswirkungen des Freiheitsanspruchs des Einzelnen auf andere Menschen definieren. Die »Sozialverträglichkeit« der Freiheit, die Freiheit des Einzelnen und die Ordnung des Zusammenlebens müssen miteinander in der richtigen Balance sein. Die Sicherung der Freiheit kann auch eine Einschränkung derselben notwendig machen. Das bedarf einer sehr sorgfältigen und offenen Abwägung, damit solche Argumente nicht missbraucht werden, in Zeiten des Terrorismus sind sie jedoch von höchster Aktualität.

Gerade Reisen auf andere Kontinente haben mir die Augen dafür geöffnet, dass der Rechtsstaat für die Menschen und die Menschenrechte das wichtigste Gut ist, wichtiger noch als alle Formen parlamentarischer Meinungsbildung und der politischen Organisation. Die Qualität des Rechtsstaats, die sich durch eine unabhängige Justiz ergibt, ist die wichtigste Errungenschaft für die Sicherung der Freiheit und der Menschenwürde. Deshalb müssen wir auch besonders sorgfältig, besonders achtsam mit dem Rechtsstaat umgehen. Sichere Lebensbedingungen kann nur ein funktionsfähiger Rechtsstaat gewährleisten. Sie sind den Menschen aber wichtiger als unsere sonstigen Ansprüche an Freiheit in den westlichen Gesellschaften. Diese Lektion habe ich in den Ländern der Dritten Welt gelernt, aber auch bei Gesprächen in Moskau und an anderen Orten, wo es weder Rechtsstaat noch Freiheit gibt.

Sie haben davon gesprochen, dass es ein freiheitliches Gemeinwesen nur mit engagierten Bürgerinnen und Bürgern, eben mit Staatsbürgern geben kann. Damit haben wir uns schon in Bezug auf den Themenkreis »Bürgergesellschaft und politisches Engagement« auseinandergesetzt. Zu den Realitäten zählt aber auch, dass sich zunehmend eine große Vertrauenskrise gegenüber den Autoritäten und Institutionen in unserer Gesellschaft breitgemacht hat. Es gibt kaum mehr einen institutionellen Bereich, dem die Menschen nicht mit Misstrauen und Vorbehalten begegnen, die Kirche mit eingeschlossen. Zeigt dies ein gestörtes Verhältnis zwischen Freiheit und Verantwortlichkeit?

Institutionen und Strukturen, denen die Verantwortung zugeordnet ist, reichen nicht aus. Verantwortung muss immer personalisiert werden können. Dies ist in mehr oder minder anonymen Gremien und schwer durchschaubaren Strukturen nicht möglich. Wer trägt wirklich die Verantwortung, wer kann zur Rechenschaft gezogen werden? Zu Freiheit und Verantwortung gehört konkretisierte Verantwortlichkeit mit Rechenschaftspflicht. Nur so ist auf Dauer die notwendige Stabilität für die Freiheit möglich. Das gebe ich durchaus auch für die Strukturdebatten in unserer Kirche zu bedenken. Ich bin sehr nachdenklich geworden, als mir kürzlich ein Gesprächspartner aus der evangelischen Kirche mit Zorn erklärte, dass bei der Krise in der Landeskirche XY über die ewigen Gremiendebatten nicht erkennbar sei, wer nun wirklich Verantwortung trägt und damit auch kaum entsprechende Konsequenzen möglich seien. Gleiches könnte man von vielen Verbänden und oft auch von politischen Entscheidungsprozessen sagen.

Verantwortlichkeit und Vertrauen sind demnach eng miteinander verbunden.

Sie sind untrennbar miteinander verbunden. Welche Person oder welche Organisation und Institution kann ich für Entscheidungen auch rechenschaftspflichtig machen, etwa bei Wahlen? Diese Fragestellung macht mich persönlich so zurückhaltend, beispielsweise gegenüber der Forderung, die Teilhabe der Bürger an den politischen Meinungsbildungsprozessen durch entsprechende Volksabstimmungen auf die Bundesebene auszudehnen.

Verantwortung zu übernehmen und dafür einzustehen muss man wohl auch erst lernen. Darüber hinaus wird es rasch anstrengend und belastend.

Deshalb ist eine »Kultur der Verantwortung« als Leitbild der Gesellschaft so wichtig. Verantwortung zu übernehmen muss daher ein wichtiges Element im Erziehungsprozess der Kinder sein, indem sie konkret lernen, Aufgaben zu übernehmen und dafür auch einzustehen. Für mich war die Schilderung eines Unternehmensberaters sehr eindrucksvoll, der vorwiegend in Firmen des Mittelstandes unterwegs ist und erklärte, eine wesentliche Ursache dafür, dass die Kinder von Unternehmern oft das Unternehmen nicht übernehmen wollten und auch dafür keine Eignung hätten, habe ihre Wurzel darin, dass die durch das Unternehmen überlasteten Eltern ihre Kinder verwöhnt, ihnen alles ermöglicht und die Kinder in der entsprechenden Phase der Kindheit nicht gelernt hätten, für Aufgaben zuständig und verantwortlich zu sein. Das Einüben von Verantwortung müsste meiner Ansicht nach ein Teil der Schulkonzepte sein.

Deshalb ist eine Kultur, in der der Einzelne bereit ist, für sich selbst, die Mitmenschen, das Gemeinwesen und die Nachkommen Verantwortung zu übernehmen, elementare Voraussetzung für ein lebendiges Gemeinwesen und eine humane Gesellschaft. Grundlegend ist für mich dabei die bewusste Verbindung von Freiheit und Verantwortung.

Nachhaltigkeit – Auftrag im Jetzt und Verantwortung für kommende Generationen

Nur ein Modebegriff oder Wegweiser für die Zukunft?

Nachhaltigkeit ist in Zukunftsdebatten heute eines der am meisten gebrauchten Wörter – mehr als ein Modebegriff?

Nach dem Maßstab Nachhaltigkeit zu leben, ist eine der größten moralischen Herausforderungen unserer Zeit, wenn nicht die größte, aber auch eine der schwierigsten Aufgaben. Im Klartext: Es reicht als Maßstab moralischen Handelns nicht aus, zu überlegen, was die Folgen für uns selbst, unsere Mitmenschen, die Umwelt heute sind. Wir müssen als moralischen und sachlichen Maßstab ebenso bedenken, wie sich unser Leben und unsere Entscheidungen vorhersehbar auf unsere Nachkommen auswirken.

Haben Eltern und Großeltern das nicht immer getan?

Nachhaltigkeit entspricht typischerweise der Haltung von Eltern, die um der Zukunft ihrer Kinder willen auf das eine oder andere verzichten, was nicht lebensnotwendig ist. In den traditionellen Gesellschaften ist die wechselseitige Abhängigkeit der Generationen eine prägende Erfahrung, die diese Haltung stärkt. In der modernen Welt mit ihren Systemen der sozialen Sicherung und mit ihrer nicht mehr überschaubaren internationalen Verflechtung haben sich für viele diese Erfahrungen aufgelöst. Und genau darin liegt eine der großen Gefahren für die Zukunftsfähigkeit unserer Zivilisation. Noch konkreter gesprochen: Es ist *die* große Gefahr für die Zukunftschancen der nachkommenden Generationen, für ihre Lebensbedingungen und ihre Entfaltungsmöglichkeiten. Darin liegt wahrscheinlich die heute größte ethische Herausforderung unserer Zeit. Sie zwingt uns – oder zumindest müsste sie es tun – zu einer zukunftsfähigen Kultur, einer zukunftsfähigen Lebens- und Wirtschaftsweise.

Weder die Einstellung des Cleveren, von der schon die Rede war, noch der Habitus der Besitzstandswahrer bieten Raum für eine solche Motivation und für die Akzeptanz einer Politik der Nachhaltigkeit. Nachhaltigkeit als Leitbegriff setzt langfristiges Denken und die Bereitschaft zur Zukunftsverantwortung voraus. Wir sind aber gegenwärtig in einer immer noch extremen Weise auf das Hier und Heute fixiert. Das zeigt sich nicht nur in den ökologischen Fragen, es gilt für den gesamten Komplex der Daseinsvorsorge und der Investitionen in die Zukunft. *Was nützen ein Bewusstseinswandel oder auch Schritte praktischer Politik auf nationaler oder europäischer Ebene in einer globalisierten Welt mit all ihren Verflechtungen, Abhängigkeiten und Interessenskollisionen? Die Klimakonferenzen dokumentieren regelmäßig die Aporien und rufen zugleich die Warner auf den Plan, dass deutsche oder europäische Alleingänge allenfalls geeignet seien, den Anschluss zu verlieren.*

Viele der Entwicklungen, die jetzt zur Bedrohung werden – Klimaveränderungen, zunehmende Konflikte um Rohstoffe und anderes mehr – haben ihren Ausgangspunkt vor allem im Verhalten der Wohlstandsländer. Es ist geradezu obszön, wenn zeitgleich in internationalen Konferenzen Vertreter von Völkern, die auf Inseln leben, beschwören, dass bei weiterem Anstieg des Meeresspiegels ihr Lebensraum demnächst nicht mehr existieren wird und wir in Deutschland heftig debattieren, ob wir uns so viel Luftreinhaltung leisten können. Dies ist unmoralisch und kurzsichtig gleichermaßen.

Wir müssen uns davon lösen, dass wir weltweit nur bei der Wahl von Reisezielen, Rohstoffreserven und Abnehmern für unsere Produkte zur Finanzierung unseres Wohlstands und unserer sozialen Sicherungssysteme denken. Weltweit denken und Verantwortung übernehmen im Sinn eines Weltgemeinwohls ist in der heutigen Zeit eine ganz besondere Aufgabe der Christen und einer Kirche, die weltumspannende Weltkirche ist. Die katholische Kirche in Deutschland hat mit ihren Hilfswerken große Pionierarbeit für die Entwicklung der Solidarität mit den Menschen in ärmeren Regionen geleistet. Das ist weiter wichtig, wobei der Wandel von der Patenschaft zur Partnerschaft in diesen Projekten schon eine wegweisende Veränderung und Weiterentwicklung ist. Diese Partnerschaft weiter auszubauen in Bezug auf die Systeme der Ökonomie, der Ökologie und der Politik insgesamt ist jetzt die dringlichste Aufgabe.

Bei den internationalen Konferenzen, etwa den besagten Klimakonferenzen, wehren sich die Länder, in denen noch große Armut herrscht und dringend Entwicklung notwendig ist, verständlicherweise gegen jede Politik, die den Wohlstandsländern mehr oder minder ihren Status quo sichert und andere in ihrer Entwicklung blockiert. Die reichen Länder des Nordens werden politisch, ökonomisch und moralisch auf Dauer nicht in der Lage sein, das Streben der anderen nach Wohlstand, Wachstum und Entwicklung aufzuhalten.

Das zu versuchen, wäre auch nichts anderes als blanker Egoismus. Unser Ziel darf und kann nicht sein, anderen Völkern die Chance auf bessere Lebensverhältnisse zu verweigern. Unser Ziel muss es sein, ihnen unsere Fehler zu ersparen, die wir beim Raubbau an den natürlichen Ressourcen begangen haben und die zu einer systematischen Verschlechterung der natürlichen Lebensbedingungen geführt haben, das heißt, von unseren Erfahrungen also zu lernen, statt die gleichen Fehler noch einmal zu machen. Auf der Basis dieser Erfahrungen und heutigen technologischen Möglichkeiten können wir sie dabei unterstützen, ihre Entwicklung zu gestalten. Alles andere ist – noch einmal – zutiefst unmoralisch.

Ihr Appell an die Moral in allen Ehren – er hat aber auch etwas Utopisches an sich. Wie können die Länder, die für die Verbesserung ihrer Lebensbedingungen dringend wirtschaftliche Entwicklung brauchen, einen Weg ohne den Verbrauch an Natur und Rohstoffen beschreiten? Wie soll das möglich sein?

Wir haben in der jüngeren Geschichte unseres Landes zweimal die Erfahrung gemacht, dass Entwicklungsschritte übersprungen werden. Die von den Alliierten nach dem Kriegsende 1945 verordnete Demontage der deutschen Industrieanlagen aus der Zeit des Nationalsozialismus mit dem Ziel, Deutschland schwach und ungefährlich zu halten (Morgenthau-Plan), wurde unversehens zum Sprungbrett in eine Modernisierung, mit der Deutschland dann in vielen technischen und ökonomischen Entwicklungen anderen Ländern voraus war. Die entscheidende Veränderung war politisch bedingt: Der Westen erkannte an, dass für die Eindämmung des Kommunismus ein starkes Deutschland im Interesse der gesamten freien Welt ist, ein Deutschland, das nicht, von sozialen Konflikten erschüttert und geschwächt, für eine kommunistische Revolution anfällig wäre.

Das zweite Beispiel ist die Phase nach der Wiedervereinigung auf dem Gebiet der früheren DDR. Technische Anlagen und Infrastruktur wurden nach den zu diesem Zeitpunkt modernsten Standards erneuert. Vorherige Entwicklungsstufen wurden übersprungen und damit wurde in kurzer Zeit ein hohes Maß an Wettbewerbsfähigkeit erreicht.

Nachhaltigkeit als Prinzip und Fundament sagt noch nichts darüber aus, wie die Gesellschaft der Zukunft aussehen soll. Was ist also das Ziel nachhaltiger Entwicklung?

Es ist wie mit einer Expedition in ein bislang wenig oder gar nicht erforschtes Gebiet. Dafür sind die notwendige Ausrüstung und die richtige Orientierung wichtig, vor allem aber auch die Bereitschaft, aus den Erfahrungen auf dem Weg zu lernen und die richtigen Schlussfolgerungen zu ziehen.

Jeder geschlossene Zukunftsentwurf, jede Beschreibung, wie die Welt genau aussehen soll, ist nicht nur unmöglich, sondern Unfug. Immer mehr Menschen sehen heute ein, dass unsere Art zu leben nicht zukunftsfähig ist. Also geht es darum, Maßstäbe für eine zukunftsfähige Kultur zu entwickeln. Dies würde eine Lebens- und Wirtschaftsweise beschreiben, die auch langfristig und für alle möglich ist. Der Weg dorthin hält viele Unwägbarkeiten und offene Fragen bereit. Aber wir müssen uns aufmachen! Die vielen offenen Fragen begünstigen natürlich immer wieder die Versuchungen des Beharrens und Verdrängens. Verdrängung zählt offenbar neben Liebe und Hass zu den stärksten Kräften im Menschen.

In manchen Diskussionen, etwa um den Klimawandel, wird deutlich, dass schon die Bestandsaufnahme samt Ursachenforschung strittig ist. Um wie viel mehr sind es erst die Konsequenzen! Braucht es für ein grundlegendes Umsteuern nicht eindeutigere Beweise, dass dies notwendig ist? Das ist doch der Kern der Klimadebatte.

Wenn wir Veränderungen und die dafür notwendigen Anstrengungen erst akzeptieren, wenn Wahrscheinlichkeiten und Prognosen durch reale Entwicklungen bestätigt sind, ist es für jede wirksame Kurskorrektur zu spät. Das ist auch ein entscheidender Unterschied in der Bewertung von Risiken aus technischen Anlagen und dem Geschehen im Naturhaushalt. Wenn bei einer technischen Anlage, etwa einem Kernkraftwerk oder eine Anlage in der Chemieindustrie, ein Risiko neu bewertet werden muss, kann die Anlage abgeschaltet werden. Die Natur lässt sich nicht abschalten. Entscheidend für die Risikoabschätzung ist, wie wahrscheinlich bestimmte Entwicklungen sind und inwieweit diese zu korrigieren oder zu verhindern sind. Je größer das Risiko irreversibler Wirkungen und Schädigungen ist, umso größer müssen auch die vorbeugenden Maßnahmen sein. Wenn bestimmte Wahrscheinlichkeiten entsprechend hoch sind, muss man begünstigende Faktoren ausschließen und gegebenenfalls Verzicht üben.

Die Indizien der Klimaveränderung als Folge menschlichen Verhaltens sind so stark, dass es unverantwortlich ist, auf die letzten »Beweise« durch dann nicht mehr korrigierbare Entwicklungen zu warten. Das Motto: »Augen zu – es wird schon gut gehen« ist deshalb ein unvertretbares Risikospiel auf Kosten anderer Menschen, die in verschiedenen Regionen der Erde wohnen oder nach uns geboren werden. Es geht aber in Bezug auf Nachhaltigkeit nicht nur um die Klimaveränderungen, sondern um das Gesamtgefüge der natürlichen Lebensräume und ihrer Zukunft, auch als Lebensraum für die Menschen.

»Prinzip Nachhaltigkeit« – gemeinsamer Maßstab weltweiten Handelns?

Aus den politischen Konflikten unserer Zeit müssen wir lernen, dass es keine Welteinheitskultur gibt. Die unterschiedlichen sozialen Verhältnisse, traditionelle Strukturen und kulturelle Prägungen führen zu höchst verschiedenen Formen des Zusammenlebens, des Handelns und Urteilens. Hat das Prinzip Nachhaltigkeit das Potenzial, gemeinsamer Maßstab einer globalen Entwicklung und weltweit koordinierten Handelns zu sein?

Nachhaltigkeit ist als ganzheitliches Prinzip auch in anderen Kulturen und Religionen beheimatet, hier vielleicht sogar noch ursprünglicher als bei uns im Westen, der sich seiner naturalen Grundlagen weithin entfremdet hat. In der Agrargesellschaft bedeutet Nachhaltigkeit die Pflege und Sicherung der natürlichen Lebensgrundlagen für die Nachkommen. Aber sie ist auch nicht nur ein ökologischer Maßstab. Alle sozialen und politischen Prozesse können danach beurteilt werden, ob sie langfristig möglich und tragfähig sind, bei uns und überall. Dieser Maßstab ist übergreifend, er ist für die Beurteilung ökologischer, ökonomischer, politischer und sozialer Entwicklungen gleichermaßen geeignet. Nachhaltigkeit wirkt damit auch stabilisierend für das Zusammenleben der Generationen und der Völker und ist so geeignet, als umfassende Orientierung gelten zu können.

Um in Ihrem Bild der Expedition in unbekanntes Terrain zu bleiben: Welche Ausrüstung ist dafür notwendig?

Es beginnt bei der »inneren Ausrüstung«. Das ist die Motivation, Anstrengungen auf sich zu nehmen und in harten Etappen durchzuhalten, aber auch die Klugheit, nötigenfalls von ursprünglichen Plänen abzuweichen und andere, aber zielführende Wege zu gehen. In der Gruppe ist dafür eine entsprechende Solidarität des Zusammenhalts, der gegenseitigen Ermutigung, Stärkung und Rücksichtnahme notwendig. Eine Gruppe von Egoisten wird miteinander nie eine schwierige Reise bestehen können.

Der Antrieb für Fortschritt in dieser Welt ist die Neugierde des Menschen. Bisher hat der technisch-wissenschaftliche Fortschritt noch immer dazu geführt, scheinbar unlösbare Aufgaben und Probleme doch zu bewältigen.

Das bisherige Leitbild des Fortschritts, »höher, schneller, weiter«, wird immer fragwürdiger, immer mehr Menschen sind damit überfordert. Sie verbinden »Fortschritt« und »Modernisierung« nicht mehr mit einem Zuwachs an Lebensqualität.

Eine Wirtschafts- und Gesellschaftsordnung verliert ihre moralische Legitimation, wenn beispielsweise der Zwang zu immer mehr Konsum systemerhaltend ist, aber auf Dauer mehr Belastungen schafft als Nutzen bringt.

Freilich ist damit noch keine Alternative beschrieben.

Eine Lebenskultur, die dauerhaft tragfähig ist, braucht andere Leitbilder als die unserer Wachstums- und Konsumgesellschaft. Wir sollten uns für ein Leitbild einsetzen,

– das die Würde des Menschen in den Mittelpunkt stellt,

– das gerechte Chancen für alle Menschen in unserer Gesellschaft zum Ziel hat,

– das gerecht ist für alle Generationen, einschließlich der noch nicht Geborenen,

– das gerecht ist hinsichtlich der Lebenschancen in allen Erdteilen,

– das rücksichtsvoll ist gegenüber der Schöpfung durch eine schonende und effiziente Nutzung der Ressourcen und einen entsprechenden Lebensstil.

Wie immer im Leben werden wir dies nicht in idealer Weise erreichen, aber es geht um Zielbeschreibungen für einen gemeinsamen Weg. Genau diese gesellschaftspolitische Debatte ist dringlich, aber nur möglich, wenn wir nicht nur im Heute und Jetzt verharren, sondern über den Tag hinausdenken und auch eine entsprechende Haltung der Solidarität entwickeln.

Ordnen Sie Nachhaltigkeit als politisches Konzept primär dem Konservatismus zu?

Nachhaltigkeit ist für mich in der Tat der Inbegriff einer zeitgemäßen konservativen Politik. Deshalb ist mir auch unverständlich, dass sowohl in der Politik wie auch in der Gesellschaft und in unserer Kirche die konservativen Gruppierungen so wenig Zugang dazu finden. Es ist freilich keine konservative Haltung im Sinn der Besitzstandswahrung. Nachhaltigkeit ist zugleich ein hochdynamisches Prinzip. Um Wege und Lösungen zu seiner Realisierung zu finden, brauchen wir den Wettbewerb der Ideen und der Initiativen in Forschung und Entwicklung, im unternehmerischen Handeln, im gesellschaftspolitischen Denken. Der Staat muss dafür den ordnungspolitischen Rahmen und – etwa beim Einsatz seiner finanziellen Mittel – die Prioritäten setzen.

Ein Leitbild für künftige technische und ökonomische Entwicklungen ist das der Kreislaufwirtschaft. Die vom Menschen geschaffenen und gestalteten Ordnungen nähern sich damit weitestmöglich der »Ökonomie der Natur« an.

Das ist ein gutes Beispiel dafür, dass solche Modelle nur in ganzheitlicher Perspektive erfolgversprechend sind. Technische Innovation, etwa zur effizienten Nutzung begrenzter Rohstoffreserven, ist wichtig. Die Erfahrungen der Vergangenheit zeigen aber, dass sie bestenfalls die Steigerung des Ressourcenverbrauchs bremst, der insgesamt problematische Kurs aber beibehalten wird. Wir brauchen also umfassendere Konsequenzen, die letztlich die Gesellschafts- und die Wirtschaftsordnung betreffen. Wenn wir auf Dauer keine anderen Antworten finden als immer wieder neue Konsumanreize, wird das Bemühen um eine tragfähige Lebenskultur scheitern.

Mit den Gemeinsamkeiten und den Unterschieden von Lebensstandard und Lebensqualität befassen sich mittlerweile Nobelpreisträger für Wirtschaftswissenschaften. In deren Disziplin ist die »Glücksforschung« en vogue. Der Bundestag hatte dafür eine Enquetekommission eingerichtet, und in der Koalitionsvereinbarung der schwarz-roten Bundesregierung gibt es das Projekt »Gutes Leben«. Ihre Forderungen scheinen damit ein Stück weit antizipiert zu sein.

Wir befinden uns in einer Entwicklungsphase. Es gibt viele Einsichten und Konzepte, aber zu wenige Konsequenzen. Die Turbulenzen in der Weltwirtschaft und den Finanzmärkten erschweren die notwendigen Veränderungen. Trotzdem müssen wir diese konsequent vorantreiben. Das geht jedoch nicht ohne unseren ganz persönlichen Beitrag. Ich plädiere nicht für ein »Zurück zum einfachen Leben« im Sinn des Totalrückzugs aus der modernen Welt. Konsumverzicht und einfaches Leben sind individuell respektable Optionen, taugen aber nicht als gesellschaftspolitische Gesamtlösung und Zukunftsstrategie.

Wie stellen Sie sich alternativ einen tragfähigen Lebensstil vor?

Der Schlüssel zu allem ist ein bewussterer Umgang mit den Gütern. Er führt gleichzeitig zu einem bewussteren Leben. Und damit gelangen wir schließlich wieder zu einer elementar christlichen Haltung: Nachhaltigkeit als »Kultur des rechten Maßes«.

In diesem Zusammenhang beeindruckt mich immer wieder aufs Neue eine Formulierung, die Joachim Bodamer zugeschrieben wird: »Frei ist der Mensch, der es schafft, sich in seinem Leistungsstreben und in seinem Genussstreben selbst Grenzen zu setzen.« Ich finde, das ist eine faszinierende Botschaft und Einsicht. Die Fähigkeit zur Selbstbegrenzung geht einher mit innerer Freiheit und Unabhängigkeit. Die Möglichkeiten der Zeit zu nutzen, davon aber nicht abhängig zu werden, in diesem Sinn ist Selbstbegrenzung nicht Opfergang, sondern vor allem Chance. Nachhaltigkeit verlangt diese Bereitschaft zur Selbstbegrenzung. Kurt Biedenkopf legt in seinem Buch »Die Ausbeutung der Enkel« dar, dass wir in einer Zeit der Entgrenzungen leben, der immer neuen Möglichkeiten durch technisch-wissenschaftlichen Fortschritt, durch

Mobilität. Die Geschichte lehrt aber, dass nur solche Kulturen längeren Bestand hatten, die auch die Fähigkeit zur Selbstbegrenzung entwickelten. Im Kern ist das wiederum die Frage nach unseren ethischen Orientierungen. Gerade das Prinzip der Nachhaltigkeit verlangt uns die Verbindung von Wertbindung und Sachkompetenz ab, von Freiheit und Verantwortung, von »global denken und lokal handeln«. Die allgemein akzeptierte Position, »wir dürfen nicht alles, was wir können«, wird damit neu zur Herausforderung an uns selbst und an die moderne Zivilisation. Damit ist eine besondere Aufgabe für uns Christen, unser Dienst für die Menschen und für die ganze Schöpfung beschrieben, nicht als exklusiver Sonderanspruch, sondern als besondere Verpflichtung aus unserem Glauben.

Herzlichen Dank!

Mein erster Dank gilt meiner lieben Frau Katharina! Sie hatte viel Verständnis dafür, dass ich neben den vielen Verpflichtungen aus den diversen Aufgaben noch zusätzlich für das Buch viel Zeit gebraucht habe. Da die Denkarbeit oft mehr Zeit beansprucht als die Schreibarbeit, war ich oft, wenn ich da war, mit dem Kopf doch abwesend.

Frau Marlene Fritsch danke ich herzlich für die wertvolle Arbeit als Lektorin des Buches, für das Verständnis der zeitlichen Nöte, für wichtige Anregungen und Hinweise und die vorzügliche Bearbeitung der Texte.

Meine Mitarbeiterin Margit Parzinger hatte mit dem Buchprojekt viel zusätzliche Schreibarbeit und viele organisatorische Aufgaben zu meistern. Mit hoher Einsatzbereitschaft und großer Kompetenz hat sie dies souverän gemeistert. Dafür herzlichen Dank!

Dankbar denke ich an die vielen Gesprächspartner, mit denen ich im Lauf der Jahre die Themen dieses Buches diskutiert habe. Bei der Arbeit daran ist mir einmal mehr bewusst geworden, dass ich alle wesentlichen Erkenntnisse und Einsichten, alle wichtigen Weichenstellungen und Entscheidungen in meinem Leben der Begegnung mit Menschen verdanke.

Alois Glück